U0087837

近代領航人物

物理頑童愛打鼓

費曼

李寬宏 著

三民書局

打開每個人心中的「想像盒」

　　七十多年前，法國著名作家「安東尼・聖修伯里」寫過一本廣受歡迎並流傳至今的童話——《小王子》。書中那個好奇又好問的小男孩來自外星球，他純淨的心靈和真摯的感情，一直陪伴著我們地球上一代又一代人的成長。

　　作家聖修伯里曾經為小王子畫過一個可以讓綿羊居住的盒子。而作家自己也擁有一個珍寶盒，裡面收藏著老照片、舊信件和許多小玩意兒，他常常去翻弄這個盒子，想從中尋找創作的泉源。

　　三民書局的出版團隊也有這麼一個盛滿「想像」的大盒子，裡面匯集了編輯們經年累月的經驗、心得，以及來自作者、插畫家等的好主意和新點子。多年來，這個團隊不斷為小讀者們出版優秀的人物傳記、勵志叢書等。董事長劉振強先生認為這是出版人的使命，一個好傳統一定要延續下去，讓小讀者永遠有好書可讀，而且每一套書都要精益求精，各具特色。

　　因此，當我們開始構思下一套新書的方向，如何能夠既延續傳統，又能注入不同的角度和活力，呈現出一番新的面貌，便成為我們的首要考量。

　　編輯團隊圍坐在一起，慎重的打開我們的「想像盒」，希望從盒裡累積的智慧中汲取靈感。盒內的珍寶攤滿了桌面，眼前立即出現許多引導性的話語，大家一面仔細挑選，一面漸漸理出一個脈絡。

　　「書寫近代人物，更貼近小讀者的心靈。」

　　「介紹西方人物，增強小讀者對全球人物的興趣。」

　　「撰寫某個行業或某個領域中最有代表性的人物，他們的成就

對後世有重大影響，對小讀者有正面啟發作用。」

「多用說故事的方式寫作，以增加趣味性。」

「想像盒」就這樣奇妙的為我們搭起了一個框架，編輯團隊在這個架構中找到了方向，大家興奮的為新叢書定名為「近代領航人物」系列，並決定先從介紹西方人物入手。

框架既已穩固，該添進內容了。如何選取符合條件的撰寫對象，是編輯團隊的再次挑戰。我們又打開了「想像盒」……

「叮」的一聲，盒內跳出一個 "THINK" 的牌子，大家眼前一亮，「那不是 IBM 公司創始人湯姆士‧華生的座右銘嗎？意思是要我們海闊天空的去想像，才能產生創意啊！」於是，話匣子打開了。

有人說：「我們每個人手裡都拿著手機，不需要長長的電話線連接，就能無遠弗屆的與人聯繫，但對有『無線電之父──馬可尼』之稱的這個聰明人，我們知道的並不多。」

有人說：「啊！有了，我們何不請最喜歡開飛機的聖修伯里帶大家到義大利去拜訪馬可尼呢？」

有人說：「馬可尼不是已經拍來電報，為我們安排好去巴黎看可可‧香奈兒的時裝展示會了嗎？還要去倫敦聽約翰‧藍儂的搖滾音樂演唱會哩！」

有人說：「我對時裝展示會沒有太大興趣，但是既然去了巴黎，我倒是很想去看看大文豪雨果筆下的聖母院，也許會碰見那個神祕的鐘樓怪人！」

有人說：「我希望去倫敦時，能走訪唐寧街十號，一睹英國第一位女首相，鐵娘子柴契爾夫人的丰采。」她輕輕咳嗽了一聲，接著說：「我的肺炎剛痊癒，是用了抗生素才治好的。聽說抗生素是英國

細菌學家弗萊明發現的，我也想順便彎去他在倫敦的實驗室參觀一下。」

有人附議：「那太好了，我可以在路邊書報攤買本英國大經濟學家凱因斯主編的《經濟期刊》來一讀。」

有人舉起手來，激動的說：「我原是個害羞沉默的人，自從去上了卡內基的人際關係課程後，才學到怎麼樣表達自己。我想說出我的心願，那就是去美國華盛頓的林肯紀念碑前，聆聽人權鬥士馬丁·路德·金恩博士精彩動人的演講〈我有一個夢想〉。再去附近的國會山莊，參加約翰·甘迺迪的就職典禮，聽他充滿領袖魅力的經典名言，『不要問國家能為你做些什麼，要問你能為國家做些什麼。』」

有人跟著說：「我是環保和人道主義的支持者。既然我們到了美國，我想去緬因州，到環保使者瑞秋·卡森收集海洋生物標本的海邊去走一走。也想去紐約的聯合國兒童基金會總部拜訪兒童親善大使奧黛麗·赫本。這兩位心靈和外表都美麗的女士，一直是我最崇敬的偶像。」

看到大家點頭同意，他急忙追加：「啊，如果還能去洋基球場觀看棒球巨星貝比·魯斯在球場啟用那天轟出的第一支全壘打，那我就太滿足了……」

編輯們彼此會心一笑，這是討論時常有的現象，抱著「想像盒」，天南地北，穿越時空。我們總嘗試以開放的思路，為「傳記」類型的叢書增添更多的新意。

這時一陣歡笑聲響起，原來是美國物理學家費曼為慶祝自己得到諾貝爾獎而開的派對。賓客中有許多知名之士，第一位登陸月球的太空人阿姆斯壯也在其中。聽說費曼正在調查挑戰者號太空梭故

障的原因，阿姆斯壯是他最好的太空顧問！費曼是位科學家，但他興趣廣泛，音樂、舞蹈樣樣精通。只見他隨著熱情洋溢的森巴舞曲，一面打著鼓，一面與現代舞創始人瑪莎・葛蘭姆翩然起舞。

「別鬧了！費曼先生。」門口走進一位胖嘟嘟，面無表情的老頭，把大家嚇了一大跳！只見他拿起手上的擴音器說了一聲「卡」，啊啊，難道他就是那位驚悚片大導演希區考克？

他嚴肅的接著說：「受世人景仰的南非自由鬥士曼德拉先生剛剛辭世。請大家起立致敬。」

我們這趟「穿越之旅」中的二十位人物即將登場，希望他們的領航故事也能開啟小讀者心中的「想像盒」，將來或可成為另一個新領域中的領航人，傳承發揚人類的智慧和文明。

在此特別感謝為小讀者說故事的作者們，除了正文之外，他們都特別增寫了一篇數百字的「後記」，提綱挈領的道出各撰寫人物對世界的影響，提供小讀者更明確的閱讀指標。同樣也感謝繪製精彩畫面的插畫家們，為使圖文搭配相得益彰，不惜數易其稿。對編輯團隊能讓叢書順利的如期出版，我心存感激。對充滿使命感、長期為小讀者做出貢獻的三民書局，我致上最高的敬意。

對您，選擇讀這套叢書，我誠懇的說聲「謝謝」。有您的支持，讓我們有信心為小讀者打造更多優良讀物。

簡宛　2013 年歲末寫於臺北

作者的話

親愛的小朋友和大朋友：

　　第二次世界大戰時，美國在新墨西哥州的羅沙拉摩斯建了一個極機密的研究機構，專門設計和建造原子彈，為了保密，所有的科學家和工程師都住在研究機構的營區裡面。

　　那時的羅沙拉摩斯是個鳥不生蛋的偏僻小城，連一家電影院都沒有，附近還有森林和印第安人保留區。有一天晚上，兩位住在營區的科學家聽到遠方的森林隱約傳來鼓聲。他們覺得可能是印第安人在舉行慶典，於是兩人循著鼓聲，走入樹林。鼓聲越來越近，為了怕被印第安人發現，他們開始匍匐前進。兩人狼狽不堪的爬上山丘，卻發現只有一個印第安人一面看著月亮打鼓，一面繞著一棵樹跳舞，嘴裡還喃喃的念著咒語。

　　兩人回到家裡，把這番奇遇加油添醋向太太報告，說他們如何冒著九死一生的危險，偷窺到印第安巫醫作法。沒想到兩位太太見多識廣，一點也不像她們老公那樣大驚小怪，只是雲淡風輕的說：「哦，那一定是費曼，他很喜歡打鼓！」

　　兩位太太說得對，那個跳舞念咒的「印第安人」的確就是本書的傳主理查‧費曼。羅沙拉摩斯工作的壓力太大，又沒什麼消遣，於是跑到荒郊野外打鼓成為費曼的娛樂。

　　我初識費曼也和他打鼓有關。剛進大學時，教我們大一普通物理的老師對我們有很深的期望。除了學校規定的物理課本之外，又額外指定了力學、熱力學、電磁學、光學各一本參考書。這樣這門課就已經有五本教科書了對不對？老師還覺得不過癮，他還另外加上熱騰騰剛出版，卻已經轟動武林、驚動萬教——一套三冊的《費曼物理學講義》。

費曼這套書，是出版社把他在加州理工學院，為大一、大二學生開的物理課的上課錄音，編撰而成。據說他開這門課的時候，因為內容過於博大精深，即使聰明優秀如加州理工學院的大一、大二學生，也是聽得滿頭霧水。所以學期過不到一半，大學部的學生都幾乎溜光了。神奇的是，每次上課時，教室還是滿座——來聽課的都是研究生和費曼的同事。

　　我買了這麼一套「天書」，當然只能歡喜讚嘆，勤加拂拭，免惹塵埃，說要把內容讀通、讀懂，那是天方夜譚。書的內容雖然看不懂，但是翻開封面，咦，書的前言附了一張照片，倒是很吸睛。照片裡面的帥哥打著邦加鼓，眼神清澈明亮，嘴巴裂得大大的、笑得陽光燦爛，真是酷斃了！從此，我成為費曼的粉絲。

　　費曼的本領當然不僅止於打鼓。他還會開保險箱、畫畫、修收音機。關於他的軼事很多，大多是他自己講給他打鼓的伙伴拉爾夫・雷頓聽的。雷頓後來把這些故事寫成兩本很暢銷的科普書，使得費曼的聲望更如日中天。有些同事看他這麼紅，難免吃味，會酸酸的說：「他把自己包裹在一團神祕的氛圍當中，他花了很多功夫和力氣製造出一些軼事，來彰顯自己是如何的與眾不同。」

　　我覺得這是不公平的批評。費曼因為絕頂聰明、反應敏銳、為人熱情，再加上他多才多藝，而且說話風趣、直來直往，所以無論在教室或社交場合，自然而然成為眾人的寵兒。這是他天性的自然流露，並不是刻意做作，尋求大眾的目光。

　　說了這麼多，我們不要忘記，費曼在他的物理本行是個頂尖高手。他因為在量子電動力學的貢獻而獲得 1965 年的諾貝爾物理獎，而他的遠見更開啟了兩個非常重要的科學領域——奈米科技和量子

電腦。

　　至於那套《費曼物理學講義》，從出版到現在，已經在全世界銷售數百萬冊，我相信沒有一個物理學生或學者，膽敢宣稱他沒讀過或不知道這套「聖經」。它可能是有史以來最暢銷和長銷的教科書。

　　費曼在加州理工學院任教時，常常會在下午到附近的一家上空酒吧去。那裡每個人，從老闆到歌舞女郎，和他都很熟。他會走到吧臺後面，幫自己倒一杯柳橙汁，順手拿個十來片的紙杯墊，走到離舞臺遠遠的角落坐下，開始在杯墊上寫方程式，解物理題目。累了，就抬頭看看舞臺上的表演，然後再低頭繼續做物理。

　　如果你是一位男性讀者，看到這裡也許會興奮不已的說：「哇，在上空酒吧做功課。這主意太讚了！我也要去，我也要去！」好，我知道你熱情如火，可是請稍安毋躁，因為你需要通過兩個關卡。首先，你要滿十八歲。光這一條大概就會刷掉一大半這本書的讀者。縱使你已經滿十八歲，也請先拿一個諾貝爾物理獎再說——費曼可是拿了獎以後才去的。還有，他可不是用物理做藉口，跑去看辣妹。有一次他出外度假，請一個朋友看家。這個朋友在費曼的書房裡面看到堆得比人高的杯墊，每個杯墊的正反兩面，都密密麻麻寫滿了方程式。

　　費曼是個傑出的物理學家，更重要的，他是一個真誠、熱情、充滿活力和好奇心的不老頑童。我們看到了他光輝和外向的一面，很難想像這麼一個表面嘻嘻哈哈的人，卻有著一顆溫柔善感的心。他寫給去世妻子阿琳的情書，深情纏綿，讀了令人落淚。

　　謝謝主編張燕風老師熱心提供許多費曼的資料。三民書局的編輯團隊專業而且敬業，每次和她們合作，都令我受益良多。她們是

我的嚴師兼畏友，謹在此獻上我最誠摯的感激。蔣淑茹老師是本書的第一位讀者，她指出許多錯誤和不完善的地方，讓我有改善的機會。謝謝她！

李寬宏

臺灣屏東人，清華大學核子工程學士，美國普度大學機械工程碩士、博士。在美國讀書、工作三十年後退休。

喜歡走路、跳舞、聽音樂、彈鋼琴。著有《約翰・藍儂：用搖滾撼動世界》、《雙 Q 高手：孔子》、《搞怪神童：莫札特》、《星際使者：伽利略》、《鈴，鈴，鈴，請讓路：第一次騎腳踏車》、《愛唱歌的小蘑菇：歌曲大王舒伯特》、《兩千五百歲的酷老師：至聖先師孔子》等，皆由三民書局出版。

物理頑童愛打鼓
費　曼

CONTENT

費　曼

$1918 \sim 1988$

Richard Feynman

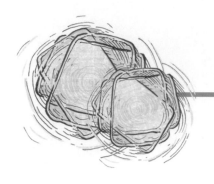

01

遊戲的童年

　　理查‧費曼於 1918 年出生在美國紐約市。父親梅爾維爾在一家制服公司當銷售經理，母親露西兒是個家庭主婦。現今網路上流傳許多費曼的演講影片，我們看他那口若懸河、三不五時還要講個笑話的大演說家風範，以為他從小就伶牙俐齒，其實他一直到三歲都還不會說話。

　　費曼的幽默感遺傳自媽媽；而藐視權威、獨立思考的個性則來自爸爸。梅爾維爾和露西兒都是猶太人，但是他們並沒有宗教信仰。費曼自己在年輕時更公然宣稱自己是個無神論者。

　　在他小時候，有一天父親抱著他坐在膝上讀《紐約時報》。父親指著報上一張相片說：「你看看這些人。這個人大剌剌站著，可是其他的人都

要向他彎腰行禮。你知道他們之間有什麼差別嗎？站著的這個人是教宗，他和其他人唯一的差別只在於他頭上有一頂皇冠。」

他父親接著又說：「但是，他其實跟我們一般人一樣，也要吃飯、上廁所。他也只是個平凡人。」

費曼父親做的是制服生意，看多了社會上形形色色的人，知道群眾有時會被莊嚴隆重的制服震懾，因而盲目崇拜穿上制服的權威；他也知道有時一個膿包穿上教袍、軍裝或法袍以後會得到大頭症，以為自己忽然變得法力無邊、神勇蓋世或者明察秋毫──其實制服裡面還是原來的膿包！因此，費曼的父親教他：要論斷一個人，應該看他做了什麼，而不是看他穿得如何人模人樣。

這樣的家庭教育，造就了費曼不講空話、就事論事的個性，尤其在物理學的領域。長大以後，不論是在什麼場合討論物理學，如果有人講話沒

道理，費曼會當場挑戰他的論點，不管那個人是不是學術界泰斗。不過我們需要謹記他的兩個原則：1. 可以挑戰權威，但是如果發現其實是自己錯了要馬上認錯，不能硬拗。2. 對事不對人。我們可以說我認為你這個論點不對，應該要這樣那樣才對。我們不可以說你這豬頭，連這麼簡單的道理都搞不懂，你智障啊。那樣是人身攻擊，會被告上法庭。

● ☆ ● ☆ ● ☆ ●

費曼家裡有一套《大英百科全書》，父親會讀給他聽。當讀到「雷克斯暴龍」的條目時，書上說：「牠身高25呎，頭寬有6呎。」這時父親會停下來，說：「我們來想想看這是什麼意思。這意思是說，牠如果站在我們的前院，頭可以夠到我們二樓的窗

戶。不過，牠的頭太大了，擠不進我們的窗戶。」

從雷克斯暴龍的例子，費曼從小就學到了把冷冰冰的數目字轉換成日常生活的情況，了解它真正的意思。

紐約人喜歡在夏天到凱次基爾山區度假，費曼小時候也常和家人一起去。由於父親星期一到星期五要在紐約市上班，通常都是週末才來，媽媽和小孩則一直留在山區玩。

費曼的父親來時會帶他到樹林裡面散步，教他許多有關鳥獸蟲魚樹木花朵的趣事。別家的父親看到了，也有樣學樣，帶他們的小孩到樹林裡散步。到了星期一，爸爸們回城裡上班，一大群小孩就在山裡面亂竄。

這時有個小孩問費曼：「看到那隻鳥沒有？你知不知道那是什麼鳥？」

費曼說：「不知道。」

　　那個小孩子很跩的說：「看來你老爸和你在樹林裡走了半天，其實什麼也沒教你。告訴你吧，那叫棕頸畫眉。」

　　其實，費曼的老爸教他的可多了。

　　費曼的父親會說：「看到那隻鳥沒有？那是一隻會唱歌的鳥。牠在英文、日文、義大利文、西班牙文、法文裡都有一個名字。但是，即使你搞懂牠在全世界各地的稱呼，你對牠還是一點都不了解。我們還不如來仔細看看牠在做什麼，這比較重要。」

　　所以費曼從小就知道，光是背誦事物的名字並不等於知識。知道名字只是第一步，離徹底的了解還有一大段距離。

　　費曼的父親又說：「看到剛才那隻鳥沒有？牠在那邊走來走去，還三不五時啄牠的羽毛？」

費曼說：「看到了。」

「你認為鳥為什麼要啄羽毛呢？」

「也許牠們在飛的時候把羽毛弄亂了，所以要把毛啄整齊。」

爸爸說：「好，如果是這樣的話，牠們剛降落的時候羽毛比較亂，應該會啄得勤一些，等到停在地面上一段時間後，羽毛已經整理好了，啄的次數會比較少。我這樣講，你聽得懂嗎？」

費曼說：「懂。」

父親說：「那麼我們來看看，牠們剛降落時會不會啄得比較勤。」

父子倆盯著鳥看了好久，發現剛降落的鳥啄羽毛的次數，和停在地上許久的鳥啄羽毛的次數並沒什麼差別。小費曼的理論錯了。

費曼說：「我認輸。鳥為什麼要啄羽毛？」

父親說：「因為有蝨子在咬牠。鳥的羽毛會分泌蛋白質，蝨子來吃蛋白質。」

費曼長大以後，知道寄生在鳥羽毛裡面的不

一定是蟲子。父親講的故事雖然細節不完全正確，但原則都對。最重要的是，他學到不要只是背誦事物的名稱，要仔細觀察，而且要把自己的想法和實際的情況比照、驗證。

● ☆ ● ☆ ● ☆ ●

費曼小時候很喜歡收音機。起先他買了一臺電晶體收音機，常常夜晚戴著耳機躺在床上，一面睡覺一面聽廣播。他的父母有時外出，如果深夜才回來時，都會到他的房間，幫他把耳機拿下來。

有一天晚上，他的父母很晚才回到家，為了怕吵醒他，他們躡手躡腳、輕輕打開他的房門，想進去幫他把耳機拿下。沒想到房門才剛開了一條縫，突然間警鈴大作，「叮咚！叮咚！叮咚！叮咚！」的聲音在深夜聽起來特別刺耳，把他媽媽嚇得「啊！」尖叫一聲，差點昏倒。費曼從床上跳起來，高興得大叫：「成功了！成功了！」

費曼的父親有點生氣，問他：「理查，你這是

在搞什麼鬼？」

費曼說：「爸、媽，我做了一個防盜鈴。你們看，這裡是個蓄電池，這裡是個電鈴，平常電源開關關著，所以電鈴不會響。但當你們把房門推開時，電源開關就會打開，於是電鈴就大響特響了。你們說，我是不是很厲害？哈哈哈！」

媽媽笑著推了一下他的額頭，罵他：「你這死孩子，厲害個頭啦！我差點被你嚇死！」

● ○ ● ☆ ● ☆ ●

費曼常常會到慈善團體辦的園遊會去，用很便宜的價錢，買一些人家捐出來的破舊收音機帶回家修理。那些收音機故障的原因通常很簡單，也許只是什麼地方線路鬆掉了，或者線圈沒繞牢，所以幾乎很容易就可以修好。不久他累積了一些經驗，修理起來更是得心應手。

他會修收音機的名聲慢慢傳開來，開始有人請他去家裡修收音機。出門「應診」的時候，他會在褲子後面的口袋插一把螺絲起子，使自己看

起來很專業。那時候經濟蕭條，
大家日子都不好過，而他因
為收費便宜，所以生意很
好。費曼碰到的問題通常不
複雜：有時是某個零件燒壞了；有時是天線的位
置沒對好。因為他很有毅力，所以都能找出問題
所在，把收音機修好。有一次，「苦主」一直抱怨
說：「昨天聽明明還好好的，今天早上就什麼聲音
都沒有了！」費曼把線路檢查一遍，很快就發現
病因：插頭沒插上。實在很誇張。

　　那時費曼也在一家印刷廠打工，有一次老闆
的朋友收音機壞了，便開車到印刷廠來接費曼到
他家裡修理。他的車子很破，又住在城裡最貧窮
的地區，顯然經濟情況很差。

　　路上費曼問他：「你的收音機有什麼毛病？」

　　那人說：「每次我把開關扭開時，它會發出一
點點雜音。雖然過一會兒雜音就停止，一切正常，
但是我不喜歡剛開始時的那些雜音。」

費曼沒說話，但是心裡在想：「老兄你看起來很窮，只是一點點雜音罷了，就忍耐一下吧，何必花這個冤枉錢？」

一路上那人唧唧呱呱嘮叨個不停，一直不放心的問費曼：「你真的懂收音機嗎？你只是個小孩子，怎麼可能會修收音機？」費曼被搞得好煩，但是也拿他沒辦法。

到了那人家裡，把收音機一打開，「轟轟轟轟！蹦蹦蹦蹦！」那收音機立刻大吼大叫，而且還抖動不已，好像隨時要爆炸似的。費曼嚇了一大跳，心想：「媽呀，你把這叫作『一點點雜音』？老兄你說話可真含蓄啊。」但是，神奇的是，過了一會兒，收音機停止鬼叫，開始正常運作。

問題有點麻煩。費曼開始來回走來走去，不停的想、想、想！那人不耐煩了，說：「喂，你在幹什麼啊？我花錢

請你來修收音機，你不做事，只是在那裡走來走去！」

費曼說：「我在想！我在想！」他想，收音機剛打開時會有那麼大的雜音，可能是擴音部分的真空管已經先熱了，但是訊號部分的線路還沒熱，才會發出亂七八糟的噪音。等到訊號部分的線路也熱了，一切就恢復正常。換句話說：真空管的次序錯了！

費曼把收音機所有的真空管拔下來，然後依照相反的次序插回去。再把收音機打開，它安靜得像隻綿羊，線路乖乖熱起來，然後開始廣播，沒有一點雜音。

那人驚訝得下巴都快掉下來，他沒想到一個不起眼的小鬼居然有這個本事。從此他變成費曼的義務推銷員，幫費曼介紹許多修理收音機的工作，而且逢人就誇費曼是個大天才，

說：「你不要看他小鬼一個，他光用想的，就把收音機修好了！」

● ☆ ● ★ ● ✩ ●

費曼樓上的臥房有一臺修好的真空管收音機，它有短波的功能，可以收聽到紐約市北邊260公里的斯克內克特地WGN電臺的廣播。那時他妹妹、兩個堂兄弟和鄰居小孩，常常和費曼一起圍在樓下另外一臺收音機旁，收聽一個紐約當地電臺的偵探節目。有一天，費曼無意間發現在紐約電臺播出這個節目的前一個小時，他就可以從樓上房間的真空管收音機聽到WGN電臺同樣的節目。換句話說，他可以事先知道劇情的發展。

那天，等到大家聚在樓下一起聽節目時，費曼說：「你們有沒有發現某某已經很久沒出現了，我猜他等一下就會出來把壞人打跑！」

過沒兩秒鐘，某某果真出來英雄救美。這下子大家佩服死費曼了，都說：「理查，你好神！」

費曼就假惺惺的說：「哎，沒什麼，沒什麼，只是碰巧猜到而已。」

過了不久，費曼又說：「這些笨警察！壞人明明躲在樹上，他們在草叢裡面找什麼！」

話才說完，播音員就裝成壞人的聲音說：「嘿嘿嘿，我躲在樹上，你們卻在草叢裡面找。真是笨警察！嘿嘿嘿！」

大家大喊說：「哇──！理查，你實在太厲害了！」

費曼的妹妹瓊恩很聰明，雖然跟著大夥起鬨

誇獎哥哥，但開始覺得有點不對勁。猜中一次劇情有可能，接連猜中兩次未免太神奇了吧？

費曼這時開始得意忘形，說：「噓──，大家不要吵，黛安娜要開始對著月亮唱歌了。」

費曼才剛說完，大家就聽到播音員用很溫柔的聲音說：「對著明月，黛安娜唱出她的思念……」

一群小鬼簡直樂瘋了，尖聲大叫說：「哇──！理查，你真是個天才！太厲害、太神準了！」

費曼正要發表感性的演說，謝謝大家對他毫無保留的讚美，卻聽到妹妹瓊恩冷冷的叫了一聲：「理查！」

費曼說：「瓊恩，什麼事？」

「你早就聽過了吧？」

費曼知道他這個妹妹不容易唬弄，只好承認。從此以後，大家都沒耐心等紐約電臺的節目，而都擠到費曼的房間去聽 WGN 早一小時的廣播。

老師說，
上課要讀課外書！

費曼就讀法洛克威高中時只對數學和科學有興趣，一點都不喜歡英文、歷史、音樂、詩歌這些人文學科。據他自己的說法，造成這種學習偏食症的原因是：「我一直很擔心自己會成為一個娘娘腔，所以不想讓自己變得太纖弱敏感。對我來說，真正的男子漢是不甩什麼文學啦詩歌啦的玩意兒的。」

他當時沒想到，後來他不但大打特打邦加鼓，還跑去學繪畫，全是當年他認為「娘娘腔」的東西。

費曼非常喜歡數學，十五歲就自修學會三角函數、

高等代數、微積分、複數、無限級數、解析幾何這些學校還沒教的科目。不但如此，他還自己發明了一套符號取代標準的數學符號。

有一次他和同學討論數學功課，拿出筆記本向同學解釋他的想法，同學大叫：「你那本子上寫的是些什麼鬼東西啊！」他才意識到要用大家約定俗成的符號，才能和人溝通。他喜歡參加數學比賽，每次的表現都很優異，在學校大出風頭。高中最後一年，他代表學校得到紐約大學數學比賽的冠軍。他的分數遠遠超過其他對手，把評審嚇了一跳。

● ☆ ● ☆ ● ☆ ●

費曼的高中物理老師貝德是一位懂得因材施教的好老師。有天上課時，他正賣力在教牛頓的三大定律，卻看到費曼一會兒打哈欠，一會兒看窗外，一會兒找旁邊的同學講話。他沒罵費曼，只是叫費曼下課後留下。

下課後他跟費曼說：「我知道上課的內容你

早就會了，所以你覺得很無聊。我來告訴你一件很有趣的事，叫做『最小作用量原理』。」他邊說邊用粉筆在黑板上畫了一條曲線。

「如果你從地上丟球給在二樓的同學，依照我們的經驗，那顆球大概會走這樣的路線。對不對？」貝德問道。

「對。」

「好，事實上根據牛頓的定律，這條曲線是條拋物線。你還記得怎麼計算動能和位能嗎？」

「記得。」

動能和位能都是一種能量，能量可以在不同的形式間轉換。動能是物體移動時所帶的能量，移動的速度越快，物體的動能就越大。這就是為什麼當我們被一個兩歲小孩丟的球打到，能嬉皮笑臉的說：「哇，小弟弟的力量好大！」但是同一顆球如果是王建民投出來的，我們很可能會當場昏倒，笑不出來了。因為球速不同，動能不同。

位能是物體因為所處的高度而具備的能量。

同一顆球從二樓掉下來打到我們的頭可能會有點痛，但要是從二十樓掉下來打到我們，可能就要送急診了。高度越高，位能越大。

　　雲霄飛車爬到最高點時幾乎完全靜止，這時它的動能幾乎為零，因為雲霄飛車停止不動了，但它的位能最高。然後它開始俯衝，高度下降的同時速度加快，也就是位能減少、動能增加。動能和位能可以互相轉換，但在任何時候，它們加起來的總和都不變。這就是能量守恆定律。

　　貝德指著黑板上的拋物線說：「根據能量守

恆定律，在這拋物線上的每一點，動能和位能的和都不變。對不對？」

「對。」

「那麼動能和位能的差呢？」

費曼沒想到老師會有此一問，愣了一下，然後說：「呃，動能減掉位能嗎……這個數值在拋物線上會一直變化。」

貝德說：「沒錯。這個數值可以拿來計算任何一條路徑的『作用量』。而球一定會走作用量最小的那條路徑。到現在為止，你知道我在說什麼嗎？」

「知道。」

「很好。現在把剛得到動能減掉位能的平均值乘上球的飛行時間，得到的數目就是這條路徑的『作用量』。『最小作用量原理』講的是，在同樣的飛行時間內，球的飛行路徑會導致最小的作用量。」

費曼有點不相信，說：「如果我強迫球走其他

路線，作用量就會增加？」

貝德點點頭。

費曼在黑板上畫了一條從地上到二樓的直線，也畫了一條從地上飛得半天高才掉到二樓的曲線，然後開始計算。結果發現兩條線的作用量真的都比原來的拋物線還要高。

費曼的眼睛亮了起來，說：「哇！就好像這顆球有知覺，刻意選擇作用量最小的路徑！真是太神奇了！」

貝德點點頭，笑著說：「這就是大自然的奧妙。」

「最小作用量原理」影響費曼非常深遠，後來他不但在博士論文用到它，畢業後當教授時更把它的原理用在量子力學的研究，得到輝煌的成果。

那天費曼臨走時，貝德從抽屜拿出一本伍茲寫的《高等微積分》，說：「你上課時太多嘴，聲音又大，吵死人了。以後上我的課時，你就坐在

教室後面好好讀這本書，等你把整本書都搞懂了，才准講話。」

從此每到物理課，不管貝德在教什麼，費曼都坐在教室後面乖乖讀那本《高等微積分》，學了許多奇妙又實際的數學技巧。很多年以後，費曼到康乃爾大學當教授，教研究生如何運用數學方法解決物理問題，教的就是當年他從《高等微積分》裡學到的知識。

康乃爾的課堂上有個學生覺得費曼教的數學實在太艱深了，遠超過研究生的程度，心裡很不服氣，就故意問費曼：「教授，請問你在什麼時候學這些數學？」這學生想著一定是在讀博士或者已經拿到博士學位以後才學的，沒想到費曼脫口回答：「高中的時候。」

1965 年費曼得到諾貝爾物理獎，貝德寫信祝賀，費曼回信說：「我很高興能在高中碰到像你這樣的老師。你知道如何對一個孩子循循善誘，使他達到最大的成就。謹致上深深的謝意。」

當菜鳥遇見大師

　　高中畢業後費曼申請了幾所大學，我們以為那些大學一定會為了要收他這個天才學生而搶破頭，其實不然。首先，雖然他的數學和科學的成績非常好，但其他科目的表現並不理想，而有些學校希望學生在科學和人文上能夠平衡發展。其次，他是個猶太人。在那個年代，美國許多大學都設有猶太人入學的名額限制，這當然是一種種族歧視。比如說，他參加了哥倫比亞大學的入學考試，但就是因為猶太人名額已滿而被拒絕。費曼很生氣學校向他收了十五美元的申請費，最後卻拒絕他。對這件事，他一直耿耿於懷。

　　不過，麻省理工學院慧眼識英雄，給了他入學許可。

費曼於 1935 年進入麻省理工學院就讀，四年後畢業得到學士學位。

在大一時他原本主修數學，但是他越念越覺得那時的數學太抽象，都不討論實際的應用。

他跑去問數學系系主任：「數學到底能拿來做什麼？」

系主任回答：「數學至少可以拿來估算保險費。還有，如果你一定要問這個問題，表示你不適合待在數學系。」

所以費曼轉到電機系。不久他發現電機這一行對他來說又太實際了，最後才轉入他認為理論和實際搭配得「剛剛好」的物理系。

他在物理系修的並不是一般學生的課程。比如說，他在大二修的理論物理入門就是研究所的課。他很喜歡量子力學，可惜系裡沒開這門課，所以他和另一個同學就自己找這方面的書自修。量子力學是研究非常微小物體的學問。他讀到量子力學開山祖師之一——狄拉克的《量子力學原

理》，非常喜歡，覺得書裡許多觀念和他的想法吻
合。狄拉克成了費曼一生中最敬重的科學家。

　　在麻省理工學院讀到大三時，費曼已經精通
所有大學部和研究所的物理課程。物理系向學校
建議，讓他提早取得學士學位，不需讀完四年，
可惜這個提議被學校否決了。

　　大四快畢業時，他想要繼續攻讀博士學位。
因為麻省理工學院是理工學科的頂尖學校，而且
他在那裡過得很開心，所以他去見物理系系主任
約翰‧斯雷特，想要申請繼續留校讀研究所。沒
想到斯雷特說：「不，我們不會讓你留在這裡。」

　　費曼大叫起來：「為什麼？」

　　「你為什麼覺得應該留在這裡讀研究所？」

　　「因為麻省理工學院是全美國最棒的理工大
學啊！」

　　「你真的這麼想？」斯雷特問。

　　「那當然。」

　　斯雷特說：「這正是你為什麼應該去別的學

校。為了你自己好，你應該到別的地方長長見識，不要老待在同一個地方，成為井底之蛙。」

斯雷特建議他申請普林斯頓大學，還為費曼寫了一封非常好的推薦信。但是因為兩個原因，普林斯頓還在猶豫要不要收費曼。

第一個原因：費曼在普林斯頓研究所入學考試的物理和數學都得了滿分（從來沒有人這麼厲害），但是他的歷史和英文卻考得奇爛無比，主管入學的委員會裡面因此有人反對讓他入學。第二個原因：他是個猶太人，普林斯頓雖然表面上不歧視猶太人，可是他們對猶太人入學卻有名額的限制。斯雷特接著寫了好幾封信強烈推薦費曼，普林斯頓才同意讓他入學。

其實費曼還得到哈佛研究所的入學許可和獎學金，最妙的是他根本沒申請哈佛。大四時他參

加著名的帕特南數學競賽，拿到很高的分數，嚇壞了評審，也入選為當年的五名帕特南會員之一。哈佛因此主動給他入學許可和獎學金，不過最後他選擇了普林斯頓，因為那裡有愛因斯坦！

費曼在普林斯頓研究所的論文指導教授惠勒，是「黑洞」這個天文學名詞的發明人。我們知道每一顆星星都是個大氫彈，以氫氣為燃料，經由核融合產生光和熱。星星在燃料耗盡以後，崩塌而成為黑洞。黑洞的重力場極強，任何物體、甚至光線，被它吸入以後，都無法逃脫。因此稱為「黑」洞。

惠勒有一個習慣，當學生去辦公室向他請教問題時，他會把手表擺在桌子上嚇唬學生，意思是說：「少說廢話，我的時間可是很寶貴的！」費曼第一次去見惠勒就被他這個「小動作」擺了

一道。第二次去見他時，費曼買了一個便宜的手表擺在惠勒手表的旁邊，意思是說：「你別跩了，我的時間可是跟你的一樣寶貴！」他們後來變成很要好的朋友和學術合作的伙伴。

那時費曼在和惠勒做關於電子相互作用的研究。有天惠勒對費曼說：「費曼，你應該就論文目前的進展，做一個學術研討會報告，也可以趁機練習上臺演講。」然後惠勒跑去請負責研討會的維格納教授安排演講時間。維格納是著名的理論物理學家和數學家，也是 1963 年諾貝爾物理獎的得主。

這是費曼生平第一次的學術報告。演講前兩天，費曼在走廊上碰到維格納。他說：「費曼，我覺得你和惠勒的研究很有趣，所以邀請了羅素來參加你的研討會。」羅素是當時大名鼎鼎的天文學家。費曼開始緊張了。

然後維格納繼續說：「我想馮諾曼教授也會有興趣來聽。」費曼的手心開始冒汗。馮諾曼是

當代最偉大的數學家，他多才多藝，在純數學、
量子力學、流體力學、核子武器、電腦科學、氣
象預測都有巨大的貢獻。

　　光是這兩位大師就嚇死人了，沒想到維格納
又說：「對了，剛好鮑立教授從瑞士來訪，我也邀
請了他。」鮑立是量子物理的先驅，1945 年諾貝
爾物理獎的得主，以毒舌聞名，他曾批評一篇他
認為不入流的物理學論文說：「論點不僅不對，連
『錯』都不夠格！」這下費曼
的臉都綠了。

　　維格納打蛇隨棍
上，又說：「愛因斯坦教
授很少參加我們這個研討
會，但是你這個題目實在太
有趣了，所以我特別去邀請
他，他也會來。」費曼的臉由綠轉黃再轉白，快
要昏倒了。這時維格納很「好心」的安慰費曼：
「你不要擔心。不過我要先提醒你，如果羅素教

授一面聽一面打瞌睡，並不表示你講得不好。他在每場研討會都打瞌睡。還有，如果鮑立教授猛點頭，好像贊同你說的一切，你也不要太得意，因為他得了帕金森氏症，頭會不由自主的抖動。」

演講那天，費曼先到會場，開始在黑板上寫一大堆方程式，寫著寫著，愛因斯坦突然跑進來，很和善的問說：「哈囉，我來參加你的研討會。請問茶放在哪裡？」

費曼告訴了他，繼續寫他的方程式。

演講開始了，聽眾席上坐了一大票科學大師，不知道會提出什麼刁鑽艱難的問題，而費曼只是個剛進研究所的物理菜鳥。他緊張得雙手抖個不停。

然後他開始演講。這時奇蹟出現了，當他全神貫注思考物理的問題，他就忘掉底下坐了些什麼人，也忘掉所有的緊張。講完後，聽眾開始問問題。坐在愛因斯坦旁邊的鮑立首先發難，他站起來說：「我不覺得這個理論正確，因為……」說

完他轉頭去問愛因斯坦：「你同不同意我的看法，愛因斯坦教授？」

愛因斯坦拉長了聲音說：「No——」聽在費曼耳裡簡直像天籟，接著愛因斯坦繼續用濃濃的德國腔說明理由，並下了個結論：「目前並沒有足夠的實驗數據來證實哪個理論才是正確的。」

愛因斯坦雖然在當下替費曼解了圍，但是多年後當費曼想把這個理論往前推展時卻碰到瓶頸。也就是說，當年研討會上，鮑立立刻就看到其中的問題。可惜因為那時愛因斯坦替費曼擋子彈，令費曼的心情大為放鬆，就沒有仔細聽兩位大師的對話，忘了鮑立到底講過些什麼。費曼在1942 年從普林斯頓畢業得到博士學位，論文的主題是如何應用最小作用量原理解決量子力學的問題。

費曼在普林斯頓的最後一年，美國已經參加第二次世界大戰。有個叫做威爾森的物理學家找他加入「曼哈頓計畫」，也就是製作原子彈的團

隊。他想都沒想，一口就回絕了，因為他的論文寫作已經進入最後關頭。威爾森走後，他回頭繼續去寫他的論文──寫了差不多三分鐘，然後開始在地板上走來走去。他想：德國人很可能也會發展原子彈，如果他們搶在我們之前製造出原子彈，那麼後果不堪設想。所以最後他還是加入了曼哈頓計畫，進行原子彈原料的研究。

造原子彈

　　1943 年的年初，為了安全理由，美國政府把曼哈頓計畫移師到偏遠的羅沙拉摩斯，本來在普林斯頓製造原子彈的人員全部要調到新墨西哥州這個鳥不生蛋的小城。當時普林斯頓沒有到羅沙拉摩斯的直達車，需要先搭火車到新墨西哥州的最大城阿布可基，再從那裡想辦法搭汽車到羅沙拉摩斯。

　　在戰時，如果一大群人都從普林斯頓這個小站搭火車到阿布可基，也未免太奇怪了，一定會引起間諜的懷疑，所以軍方叫大家低調一點，最好是化整為零，分散到不同的城市買火車票。費曼心想：「既然大家都到別的地方買票，那麼我就⋯⋯」

　　於是他逆向操作，跑到普林斯頓的火車站，

說:「一張到新墨西哥州阿布可基的車票。」售票員喜出望外，說:「啊！你終於來啦！那麼這些東西都是你的囉！」原來曼哈頓計畫的人已經連續好幾個禮拜，把一箱一箱「極機密」的儀器，大剌剌的從普林斯頓托運到阿布可基了，真是「低調」啊！費曼的出現，終於讓售票員找到那些儀器的「貨主」。

● ○ ✿ ● ✿ ● ○ ●

當時羅沙拉摩斯的負責人歐本海默，是一位出生於紐約市的理論物理學家，在核子物理和量子物理的領域都有非凡的貢獻。因為在戰時領導製造原子彈的團隊，而被後人尊稱為「原子彈之父」。

歐本海默非常聰明，反應超快，你有問題向他請教，問題都還沒說完，他已經告訴你答案了。他是德國哥廷根大學的博士。博士論文的口試通常是由幾位教授當主考官，就博士候選人的論文提出問題、批評或質疑。如果有主考官認為論文

不夠水準，或者對於候選人的回答不滿意，他們就不會頒發博士學位。這個口試像個酷刑拷打的審問，是所有博士生的噩夢。但是在歐本海默通過博士論文口試以後，主持口試的主委（也是位諾貝爾物理獎得主）竟然鬆了一口氣，說：「嘩！真高興考試終於結束了。我發現歐本海默那小子居然自己當起主考官，把我當博士候選人審問起來了。」

　　除了物理，歐本海默的語言能力也很驚人。他能在一、兩個月內學會一種新語言。英文是他的母語，另外他還懂梵文、德文、法文、希臘文、拉丁文和荷蘭文。他能夠閱讀梵文原文的印度史詩《薄伽梵歌》。當羅沙拉摩斯第一顆原子彈在新墨西哥州的沙漠試爆成功時，他看到炸彈的威力，馬上想起《薄伽梵歌》裡面的一句：「我現在變成死神，世界的毀滅者。」還有，為了要

到荷蘭的萊登大學演講，他花了六星期學會荷蘭文，然後就用這個新語言演講。

羅沙拉摩斯的所有科學家，包括費曼，都是歐本海默招募來的。在這個才華洋溢的主任眼中，費曼是怎樣的一個人呢？

去羅沙拉摩斯主持曼哈頓計畫之前，歐本海默原先任教於加州大學柏克萊分校的物理系。1943年11月，歐本海默寫信給物理系系主任，向他強烈推薦，在戰爭結束後延請費曼到系裡任教。歐本海默說：「理查·費曼是這裡大家公認最傑出的年輕物理學家，他魅力四射，思路清晰，為人正派，熱愛物理，不管理論物理學家或實驗物理學家都與他相處融洽……我覺得他會是我們系裡的生力軍……貝特說在他的部門費曼一人可以抵兩人用，而普林斯頓的維格納教授則說費曼是第二個狄拉克，只是更有『人味』……」可惜戰後費曼跟隨貝特到康乃爾大學，沒去加州大學。

　　歐本海默信裡面提到的維格納，是安排費曼在普林斯頓第一次學術演講的那位教授，1963 年諾貝爾物理獎的得主。 狄拉克是量子物理的先驅， 1933 年諾貝爾物理獎得主 ， 也是費曼的偶像。狄拉克和費曼都是頂尖的數學高手，但是狄拉克非常不會交際，在社交場所不是不說話，就是說話得罪人；而費曼熱情開朗，在社交場合是個開心果 ， 所以維格納才會說費曼是個比較有「人味」的狄拉克。

　　歐本海默在推薦信裡面還提到貝特，他是羅沙拉摩斯理論物理課的課長，費曼的頂頭上司。貝特是一位極為傑出的核子物理學家，也是 1967 年諾貝爾物理獎的得主。

　　費曼有個「毛病」，一和人討論起物理，他心裡就只想到物理，根本忘掉對方是何方神聖。管你是不是天王老子，如果他認為你錯了，他都照

樣嗆你，絕不客氣。有許多大牌又有肚量的科學家很欣賞他這個「毛病」，沒事喜歡找他抬槓，聽聽誠實的意見。貝特就是這麼一個人。他雖然是費曼的上司，但是一點也不擺架子，常常找費曼談論，看看他的想法過不過得了費曼這一關。

這天他又跑到費曼的辦公室來，找費曼說明他的想法。兩人一言不合，說著說著爭論起來。

費曼說：「你瘋了！你這種方法根本行不通啦！應該要這樣才對。」

貝特不示弱，反擊說：「你才瘋了！我這個方法簡潔又有效，你那樣做根本就是多此一舉！」

費曼又說：「你以為你那個方法簡潔有效，但是你有沒有留意到，這裡犯了一個數學的大錯！」

兩人吵得不可開交，聲音越來越大，不知道實情的人還以為他們馬上要打起來呢！到最後問題越辯越明，貝特終於認輸——這正是他想要的，一個有能力、有膽量和他唱反調的人。第二天，他越想越高興，於是把費曼擢升一級，成為

他底下的一個小組長。

在這期間，丹麥的物理學家波耳和他同是物理學家的兒子來羅沙拉摩斯訪問。波耳是量子力學的開山祖師之一，1922 年諾貝爾物理獎得主，被物理學家們奉若神明，連丹麥的郵票和鈔票上面都有他的肖像。波耳和大家開會討論有關原子彈的問題，有太多人都想爭睹他的丰采，把會議室擠得水洩不通。費曼被擠到房間後面的一個角落，雖然也有發言，但從頭到尾只能從眾多頭顱的空隙，瞄到一點波耳的影子。

波耳第二次要和大家開會的當天一大早，費曼接到一個電話。

「哈囉，請問是費曼嗎？」

「我就是。請問哪位？」

「我是波耳的兒子。我父親想和你談談。」

「跟我談？我只是個……」費曼沒說出口的是，我只是個剛拿到博士學位的菜鳥，而你父親是上帝。祂，要跟我談？你有沒有搞錯？

「好，那就這樣囉。八點可不可以？」

於是在早上八點鐘，費曼跑去和波耳見面。

波耳說：「我們在想怎樣讓原子彈的威力更強大，我們想到這樣……還有那樣……的方法，你覺得怎麼樣？」

這時費曼 「只認物理不認人」的毛病又發作了，管他波耳是神仙菩薩或耶穌上帝，他毫不客氣的猛潑波耳冷水：「不行啦，這個方法這邊行不通，那個方法又違反某某定律……」

波耳又提出了另一個想法，問：「那如果是這樣呢？」

費曼說：「聽起來比較像樣，但是其中還是包含了……這個蠢主意。」

兩人就這樣針鋒相對，徹底討論了許多想法。到最後，波耳說：「好了，可以把那些大人物叫進來，一起開會了。」

　　後來波耳的兒子告訴費曼事情的來龍去脈。
第一次開會過後，波耳跟他兒子說：「記得坐在後
面，一直在那邊探頭探腦的那個小伙子嗎？他是
唯一不怕我的人，只有他會指出我的錯誤。下次
我們要開會討論時，光找這些只會說『是，是，
波耳博士』的人是不行的，我們要先和那小子談
談。」

● ☆ ● ☆ ● ☆ ●

　　羅沙拉摩斯既然是製造原子彈的地方，當然
屬於極機密的機構，保全設施和資料的保護照理
說應該是最嚴格、最周密的，但百密總有一疏。
費曼留意到一些漏洞，可是他不直接向上級報
告，而是用調皮搗蛋的方式，指出問題所在。

　　比如說，羅沙拉摩斯整個營區的四周都有鐵
絲網圍住，大門口站了荷槍實彈的衛兵，好像這
樣就「固若金湯」了。但是，「上有政策，下有對
策」，費曼發現住在營區外面的工人，早上上班時
懶得繞個大圈子從大門口進來，就把鐵絲網剪了

一個洞，從那個「捷徑」進出。

於是費曼從大門走出去，從鐵絲網的缺口進來，再從大門走出去，從缺口進來。如此幾

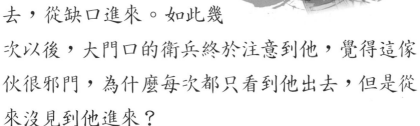

次以後，大門口的衛兵終於注意到他，覺得這傢伙很邪門，為什麼每次都只看到他出去，但是從來沒見到他進來？

下次費曼要再從大門走出去時，衛兵把他攔住。「站住！不許動！」

衛兵走到費曼面前，說：「請給我看看你的證件。」

費曼把證件交給衛兵，他端詳半天，看不出有什麼不對的地方。他問：「你為什麼只走出營區，卻不見你走進來？」

費曼說：「那是個機密，我不能告訴你。」

衛兵拿費曼沒辦法，只好先暫時把費曼關進

牢房，然後請隊長來處理。等隊長來了，費曼才告訴隊長，鐵絲網有個大洞。

那時羅沙拉摩斯關於原子彈的極機密資料都是放在木頭做的檔案櫃，然後用普通的小掛鎖鎖上。費曼常常抱怨這種小鎖不安全，但是沒人理他。有次費曼到同事的辦公室要借文件，而同事剛好不在，他就把鎖撬開，打開檔案櫃把文件拿走，等用完以後再還給他，說：「謝謝你借給我這份文件。」

同事很吃驚，問道：「我並沒借你啊，你從哪裡拿來的？」

費曼說：「從你的檔案櫃裡。」

同事更吃驚：「但是我把它鎖起來了啊！」

費曼說：「我早告訴大家，那種鎖根本不管用。」

有一次在開會時，費曼又站起來說那些木頭櫃子是如何不安全，和費曼同屬理論物理課的泰勒說：「我沒把重要的資料放在櫃子裡，而是放在

辦公桌的抽屜裡面，那樣是不是比較安全啊？」

費曼說：「我怎麼知道，我又沒看過你辦公桌的抽屜到底長什麼樣子。」

泰勒坐在會議室的前面，費曼坐在後面。趁著會議還在進行，費曼偷溜到泰勒的辦公室看他的抽屜。費曼一看，就知道連鎖都不必打開，因為他可以從抽屜後面，把裡面的文件像抽衛生紙那樣一張一張抽出來。費曼就這樣把抽屜掏空，把抽出來的文件全部藏在辦公室的一個角落，然後跑回會議室。

會議剛好結束，費曼找到泰勒，說：「喔，對了，要不要順便讓我看看你的抽屜？」

泰勒說：「好啊。」說著領著費曼到他辦公室的桌子旁邊。

費曼故意裝蒜，說：「這抽屜看起來很牢靠嘛，我們來看看你在裡面放了些什麼東西。」

「我很樂意讓你看，」泰勒一面說，一面用鑰匙開抽屜，「……如果你還沒看過的話。」

　　泰勒絕頂聰明，一發現抽屜有些微異狀，馬上知道怎麼一回事。他是諾貝爾物理獎得主楊振寧的論文指導教授，也因為在第二次世界大戰後對於鼓吹製造氫彈不遺餘力，而被媒體稱為「氫彈之父」。不過他對這個稱呼並不怎麼喜歡。1980年代，泰勒曾經訪問臺灣，媒體問他：「你對被稱為『氫彈之父』有什麼感想？」他立刻回答：「我沒有這個兒子。」

　　1945 年 7 月 16 日拂曉，在新墨西哥州名叫「死亡之旅」的沙漠上聳立著一座 33 公尺高的鐵塔，上面放了羅沙拉摩斯科學家兩年半的心血——即將試爆的原子彈。為了保密，這次的測試行動以「三位一體」的代號稱呼，而鐵塔上的原子彈則被稱為「小玩意兒」。

　　大部分高階的科學

家和軍官都在離測試塔 16 公里的基地營觀察，其他人員，包括二十七歲的費曼，則在離測試塔 32 公里的地方。大家都拿到一副焊工用的黑色護目鏡，但是費曼心想：「離『小玩意兒』都 32 公里遠了，如果還用護目鏡，能看到什麼鬼東西？」所以他不戴護目鏡，坐在軍用卡車的擋風玻璃後面，利用玻璃阻擋會傷害眼睛的紫外線。後來他一直誇口，說自己是唯一裸眼看到第一次原子彈試爆的人。

原子彈在 5:29:45 引爆，遠處立即出現強大的閃光，把費曼嚇得躲到卡車的地板上。他再抬起頭時，看到一道灼烈的白光，比正午的陽光還要明亮好幾倍，照亮了附近的山丘和天空。白光轉變成黃光，又變成橘光，然後出現一個碩大的橘色球，慢慢上升翻騰，最後變成大家熟悉的蕈狀雲。

因為距離原子彈實在太遠，所以在引爆一分半鐘以後，才傳來「砰！」一聲巨響，緊接著是

打雷般的隆隆聲。這些厚實的聲音讓費曼深深體會到這個新炸彈的威力。當初在普林斯頓招募費曼加入曼哈頓計畫的威爾森向費曼說：「我們造了一個可怕的東西。」

測試成功以後差不多三個禮拜，也就是 1945 年 8 月 6 日，美國用原子彈轟炸日本廣島。原子彈成功投擲的消息傳來，整個羅沙拉摩斯都瘋了，多年的辛苦和努力終於開花結果！他們唱歌、跳舞、喝酒，縱聲歡笑。費曼最 high，爬上吉普車的車頂，坐在上面打鼓。廣島原爆三天後，美國再度用原子彈轟炸日本長崎。這兩個城市傷亡慘重，在轟炸過後兩個月內，總共死了二十五萬人。日本於廣島原爆不到一個月後，也就是 1945 年 9 月 2 日，知道大勢已去，向盟軍無條件投降。

二次大戰後，美國的媒體盛讚參加曼哈頓計畫的物理學家，頌揚他們是保護人類文明、使戰爭得以提早結束、減少軍民死傷的愛國英雄。但是原子彈在廣島和長崎所造成的巨大死難，震驚

了許多物理學家，他們對於自己居然會協助政府建造出這麼恐怖的殺傷武器，深感罪惡和歉疚。

當初傳來原子彈在廣島投擲成功的消息時，費曼是整個羅沙拉摩斯最 high 的一個，因為幾年來夜以繼日的研究終於成功了，但是，原子彈的殺傷力也給費曼很大的震撼，就像當頭棒喝一般，讓他感到心情低落。有一次他和媽媽在紐約的一家餐廳共進午餐，他看看餐廳裡面的人，再看看街上的車輛、行人、建築，心裡浮起一個畫面：一個原子彈丟下來，方圓幾公里內，所有這一切都化成灰燼。他走到河邊，看到工人在造橋，

心想：「他們一點都不懂！人類一定會再打仗，打仗一定會用原子彈。蓋這座橋有什麼意義？到時還不是被炸得稀巴爛！」

05

阿琳來了！
阿琳來了！

　　費曼十三歲左右時，常和一些年齡比較大的男孩子玩在一起。那些男孩子認識許多女孩子，會約她們到海邊。有一次大家又到海邊玩，費曼看上其中一個女孩子，咕噥了一句：「芭芭拉長得好正，我想請她看電影。」旁邊那些唯恐天下不亂的傢伙聽見這話，高興死了，立刻衝向遠遠的岩石堆，找到正在上面攀爬的芭芭拉，把她「綁架」回來，一路還大聲嚷嚷：「芭芭拉，費曼有話要跟妳說。」

　　他們一群人不但把芭芭拉推到費曼面前，還站在四周一直催他：「費曼，說呀！別害臊，快說呀！」費曼被趕鴨子上架，羞死了。他漲紅了臉，兩隻手緊握著扭來扭去，用像蚊子那麼大的聲音，

結結巴巴說：「芭……芭……拉，我，我想……」然後舌頭打結，就再也說不下去。

芭芭拉微笑著說：「費曼，你想做什麼？」

費曼鼓起勇氣，說：「我想請……請妳看……看電……電……影，可……可……可以……嗎？」

芭芭拉笑笑，說：「可以啊，什麼時候？」

費曼說：「明……明天晚……晚上好嗎？」

芭芭拉說：「好啊。明天晚上七點半，你來我家接我。」

在旁邊圍觀的男孩子都大聲起鬨：「耶！費曼要請芭芭拉看電影！費曼要請芭芭拉看電影！」

費曼回家把這件事告訴他媽媽，媽媽跟他一樣緊張：這可是兒子的第一次約會，一定要讓他表現得像個小紳士。於是她

對費曼面授機宜，教他種種約會的禮儀，比如說：到芭芭拉家時要如何和她家人應對；兩人下公車時他要先下，好攙扶芭芭拉下車；走在人行道時，他應該發揮騎士精神保護女士，走在靠馬路的那側；看完電影送芭芭拉回家時，記得謝謝她陪他度過一個愉快的夜晚。

費曼和芭芭拉的約會很成功，讓他信心大增，後來他又陸續約了其他幾個女孩子出去，也都玩得很開心，他和異性的相處越來越自然。有一天，他們一夥人聚在屋子裡面玩，費曼和一個女孩正在客廳聊天，忽然有人大喊：「阿琳來了！阿琳來了！」其他男孩子都丟下身邊的女伴，一窩蜂跑去迎接阿琳。費曼根本不知道誰是阿琳，抬頭看了一眼，覺得這女孩子是很漂亮沒錯啦，但大家也不必狗腿成那副德行。所以他還是無動於衷的坐在沙發上，繼續陪那個女孩。

後來阿琳和費曼熟了，有時就會拿這件事情調侃他：「那天我去參加你們的聚會，每個人都對

我很好，就只有一個大笨蛋，居然膽敢不理本姑娘，還坐在沙發上和別的女孩子聊天！」

阿琳長得既漂亮又多才多藝。她不但會彈鋼琴、室內布置，還是學校的校刊主編，難怪走到哪裡都大受歡迎。每次舞會，一大堆男孩子爭著請阿琳跳舞，費曼雖然也想，但他的舞技很菜，有許多舞不會跳，再加上動作慢，常常搶不過別人，所以只能站在舞池旁邊乾瞪眼。

費曼的媽媽知道兒子仰慕阿琳，便替他製造機會，特地舉辦一個舞會，讓費曼邀請阿琳當舞伴。舞會前，費曼的一些好朋友紛紛交心表態，對他說：「費曼，我們知道阿琳是你今晚的舞伴，你放心，我們絕不會打擾你們！」費曼眼看他的哥兒們這麼夠意思，一個個說得信誓旦旦，感動得眼淚差點要掉下來。沒想到舞會一開始，那些哥兒們「見色忘友」，把剛才的誓言全都拋諸腦後，大伙兒搶著和阿琳跳，哪輪得到費曼？

費曼跳舞搶不過別人，只好另外想辦法。那

時猶太教堂有個青年中心，會舉辦各類活動，像藝術班、寫作班、戲劇班、科學班等等。只對科學班有興趣的費曼，為了要跟藝術班的阿琳在一起，只好硬著頭皮加入藝術班。但阿琳那時的男朋友傑若米也跟他們同班 ，所以費曼根本沒機會。

有一天，阿琳告訴費曼，她和傑若米已經分手了，並且邀費曼當天晚上到她家，幫忙她做哲學課的家庭作業。費曼大喜過望，終於有機會了！

天黑後費曼到了阿琳家，她拿出功課，說：「我們正在讀法國哲學家笛卡爾。老師要我們明天在課堂上討論他關於『上帝存在』的證明。」

費曼說：「笛卡爾怎麼證明上帝存在？」

阿琳說：「就從『我思，故我在』這個前提開始啊，然後經過底下這些推論，笛卡爾就得出上帝存在的結論。可是，說真的，我還是搞不清楚。」

阿琳說著，拿出上課抄的筆記給費曼看：

1. 我存在。（因為我會思考。）

2. 在我心裡有「完美的存在」這個想法。

3. 像我這樣一個不完美的存在，不可能憑自己的能力想出「完美的存在」的觀念。

4. 所以「完美的存在」這個觀念，一定是那個完美的存在放在我心裡的。

5. 完美的存在如果居然不存在，那它就不完美了。

6. 所以，一定有完美的存在這個「事物」，也就是上帝。

　　費曼把六個論證的步驟仔細看過，說：「第一條還馬馬虎虎，第二條根本就是鬼扯！」費曼對事不對人的牛脾氣再度發作，笛卡爾是 17 世紀的大哲學家又怎樣？錯了就是錯了。

　　費曼說：「我心裡從來就沒有『完美的存在』這個想法，所以第二條的假設根本不對。科學上

只有近似值，沒有百分之百精準的事物。」費曼想了一下，舉出一個例子，「比如說，我問妳多高，妳告訴我，妳有 165 公分。那其實只是個近似值。我如果要雞蛋裡挑骨頭，找一架很準的身高機來量，說不定會發現妳其實只有 164.96 公分高。另外一個傢伙找來一架更準確的機器，也許會量出 164.956 公分。所以哪來的『完美的存在』？」

阿琳故意搗蛋，說：「所以你認為我是個矮子？」

費曼說：「喂！別東拉西扯，我們可是在做功課。」

阿琳做個鬼臉，說：「是的，先生！如果第二條不成立，其他第三、四、五、六條都不必考慮了？」

「那還用說。前提錯誤，根據它推導出來的推論當然一定錯誤。」

「所以，上帝不存在？」

「妳這樣說，也不對。即使笛卡爾證明上帝存在的方法是錯的，並不表示上帝就不存在。事實上他老先生忙了半天，並沒證明出什麼鬼東西。我們還是在原地踏步，仍然不知道上帝到底存不存在。」

阿琳心想：這小子雖然舞跳得很爛，頭腦倒是滿清楚的，明天課堂上應該會有很精彩的辯論。哲學課的老師心胸很開放，並不要求學生一定要有制式的想法。

阿琳說：「我倒不擔心我們的想法和大家不一樣，哲學課老師常說，任何事情都有不同的看法，就像一張紙總是有兩面……」

費曼打斷了阿琳的話：「即使是這一點，也可以有不同的看法。」

「什麼意思？」

費曼故作神祕，不搭腔。他找來一條紙條，把其中一端扭轉半圈，然後和另外一端接上，成了一個紙環。

他說：「這個紙環就只有一個面。」費曼說著，拿了一枝鉛筆，沿著紙環的外面走，不久就跑到紙環的裡面去了，走了一陣子，又從紙環裡面跑到外面來。費曼說：「它叫莫比斯環，是德國數學家莫比斯發現的。」阿琳覺得既新奇，又好玩。

第二天上哲學課時，老師鼓勵大家討論笛卡爾的推論。一如往常，他手裡拿著一張紙，說：「真理越辯越明，請各位同學踴躍發言。任何問題都有不同的看法，就如一張紙總是有兩面……」

這時阿琳拿出昨天做的紙環，舉手說：「老師，就連您這個論點也可以有不同的看法，比方說，這張紙就只有一個面！」老師和全班同學頓時嘩然，阿琳把莫比斯環的原理解釋給大家聽，大家驚嘆連連，讓阿琳著實出了一個大風頭。

從此，阿琳對費曼另眼相看。

阿琳和費曼相戀後，常常到他家玩。她會幫他媽媽布置房間；教他妹妹彈鋼琴；陪他爸爸到樹林中寫生，儼然成了費曼家庭的一分子。事實上兩人已經計劃好，等費曼完成學業，找到工作，就要結婚。

費曼在麻省理工學院讀書時，阿琳曾經寄給他一份超級大船的目錄，上面有戰艦啦，遠洋客輪啦，油輪啦等等的圖片和規格。費曼被搞得滿頭霧水，寫信問她：「請問妳是什麼意思？」

阿琳回信說：「我只是在想，我們結婚後，也許可以買一艘船。」

費曼回信：「妳瘋了？我們去哪裡買這種船？」

阿琳的答覆是另外一本目錄，上面全是豪華遊艇，只有大富豪才買得起的那種。她在信上說：「你不喜歡那些船，這些也許可以？」

費曼回答：「請注意：妳太離譜了！」

很快的，阿琳又寄來一本汽艇的目錄。費曼回信：「還是太貴了！」

阿琳回信說：「理查，你一直在拒絕我，這是你最後的機會。」搞了半天，原來她的朋友有一條小船要轉讓，售價十五美元。阿琳說：「我們把它買下來，明年夏天就可以去泛舟了。」

經過這麼多折騰，費曼哪敢說不，只好答應了。

費曼在普林斯頓讀研究所時，有一次回去看阿琳，發現她脖子上長了一個腫瘤。她的叔叔是醫生，看了以後教她用油按摩。因為腫瘤不痛，阿琳並不擔心。可是過了不久，腫瘤變大，她開始發高燒，她叔叔趕快把她送到醫院。醫生發現她的腋下和鼠蹊也有腫瘤，知道是淋巴腺的毛病，做了頸部腫瘤切片檢查，結果是淋巴腺結核，一種絕症。

阿琳的父母非常震驚和傷心，她自己則很鎮靜。費曼在拿到博士學位後，立刻宣布要和阿琳

結婚。親友都勸費曼說，當初他答應娶阿琳的時候，並不知道阿琳得了絕症，現在如果他不實踐結婚的承諾，沒有人會怪他。

費曼回答說，他要娶阿琳，並不是為了要實踐諾言，而是因為他們彼此相愛。在心裡，他們早已經是夫妻。他問親友：「如果一個做丈夫的發現自己的妻子得了結核病，難道他就要遺棄她嗎？」

結婚後阿琳住在醫院療養，費曼每個週末從普林斯頓去看她。有一次公車誤點，費曼到醫院時已經過了探病時間，附近又沒旅館。他不想睡在醫院附近住宅區的馬路旁，被人家看到太不雅觀，只好走到黑漆漆的荒郊野外席地而臥。第二天早上他醒來，發現自己居然睡在垃圾堆裡！

阿琳很聰明，現在整天臥床，有許多時間可以想一些古靈精怪的鬼點子。有一天，費曼在辦公室收到她寄來的一盒鉛筆，筆身是墨綠色的，上面印了非常醒目的金字：「理查心肝寶貝，我愛

你！貓咪。」「貓咪」是費曼對阿琳的暱稱。

　　費曼很喜歡這份禮物，也很感激阿琳對他的情意。問題是，他如果不小心把鉛筆忘在同事的桌上，被人家看到那些肉麻兮兮的字句，他不是要被調侃得一頭撞死？為了保護自己「硬漢」的形象，他用刮鬍刀片把一枝鉛筆上的字刮掉。

　　沒想到第二天一大早，費曼就收到一封來自阿琳的信。她像在費曼辦公室裡裝了監視器似的，信上劈頭就問：「怎麼，想把鉛筆上的字刮掉？這算什麼？難道你不以擁有我的愛為榮？」

　　接著是全部大寫字體的：「**你管別人怎麼想？**」

　　最後壓軸的是幾句口號：「如果你以我的愛為羞，你就是個大傻瓜！你就是個大傻瓜！」

　　費曼還能怎麼樣？他只好乖乖的用那些印了「心肝寶貝」的鉛筆。

● ☆ ● ☆ ● ☆ ●

　　費曼調到羅沙拉摩斯後，阿琳也轉到附近的

醫院。每個週末，費曼會搭順風車去看阿琳，平時就靠書信聯絡。羅沙拉摩斯是設計原子彈的大本營，「保密防諜」的工作當然做得很嚴格，偏偏阿琳喜歡搞怪，寫信有時用密碼，而且信上不附解碼；有時則把信上一個字一個字剪開來，裝在一個袋子裡寄來。這是她和費曼玩的遊戲，因為他揚言可以破解任何密碼。他們玩得很開心，可苦了檢查信件的安全官。

有一次阿琳寄來一本廚房用具的目錄，裡面有大抽風機、大湯鍋、大鏟子等，是那種可供應上千人用餐的產品，適合監獄或醫院等龐大的機構。費曼想到在麻省理工學院時大船目錄的恐怖事件，不知道這次阿琳又要玩什麼花樣，簡直快嚇死了。

下一份目錄來了，是中小型旅館和餐廳使用的廚房用品；再過幾天，適合新婚夫婦小家庭用的目錄也寄到了。

到了週末，費曼去醫院探視阿琳，謎底終於

揭曉：原來她郵購了一套小型的烤肉架。

「我想我們可以烤牛排。」阿琳說。

「那怎麼行？我們會把房間弄得烏煙瘴氣。」
費曼說。

「你可以拿到外面的草地上烤，這樣我們每
個週末都能吃烤牛排。」

醫院就在 66 號公路旁邊，那是全長將近
4000 公里、橫越美國的大幹道！

費曼抗議道：「我做不到。公路上車子來來往
往，人行道上又一大堆人，我在草地上烤肉？丟
死人了！妳饒了我吧。」

阿琳使出她的殺手鐧，對著費曼先裝出惡狠
狠的語氣說：「你管別人怎麼想？」然後又很
「好心」 的安慰他：「這樣
吧，我們折衷一下。你只
要圍著圍裙就好，
不必戴廚師帽
和廚師手套。」

　　她打開抽屜，費曼差點昏倒。抽屜裡面真的有廚師專用的帽子、手套、圍裙。阿琳把圍裙展開，上面大剌剌的印著：「烤肉大王」。她說：「來，試試看這圍裙合不合身。」

　　費曼嚇死了，高舉雙手投降：「得了，得了，圍裙就免穿了，我烤肉就是。」

　　從此，每逢週末，醫院附近和66號公路上的人，都會看到一個普林斯頓的大博士在公路旁烤牛排。

● ☆ ● ☆ ● ☆ ●

　　阿琳的病況持續惡化，醫院通知費曼和她家人。她父親知道時候到了，趕快從紐約來看她。那時是戰爭期間，從那麼遠的地方趕來很不容易。有一天阿琳的父親從醫院打電話給費曼，說：「你快來！」

　　等費曼趕到醫院，阿琳已經神智不清，幾個小時後就去世了，才二十五歲。第二天費曼回到辦公室，同事好心問他阿琳的情況，費曼只是簡

短的說：「她走了。」然後他緊接著問同事：「你的研究計畫進行得如何了？」

同事知道他不願意多談，都尊重他的意願。

阿琳死後，費曼一直沒哭。大概一個月後他出差到一個大城，經過一家百貨公司，看到櫥窗裡面掛了一件很漂亮的衣服，他想：「阿琳一定會喜歡。」一下子悲從中來，他當場崩潰大哭。

06

得諾貝爾獎，讚啦！

　　第二次世界大戰結束後，經由在羅沙拉摩斯頂頭上司貝特的推薦，費曼在 1945 年年底到康乃爾大學任教。學校指定他教數學物理，這正是他的老本行，在羅沙拉摩斯，他主要的工作就是把數學應用到物理上。

　　康乃爾大學位於紐約州的綺色佳，離羅沙拉摩斯有 3200 公里遠，費曼坐了好久的火車才到達。下了火車，他一如往常，把大皮箱往肩上一扛，便要出發去找旅館。忽然聽到有人對他叫說：「先生，要搭計程車嗎？」他本來為了省錢，不想坐車，可是轉念一想：「我現在是個教授了，要稍微顧一下形象。」

　　他坐著計程車，找了好久都找不到有空房間

的旅館。天已經黑了，他只好到康乃爾大學的建築物裡面，在走廊上找到一張沙發，躺在上面過夜。第二天早上，他到物理系辦公室去問找房子的事，他們叫他到學生活動中心，說那邊會有專人幫忙。他找到學生活動中心，走到一張放了「住宿」牌子的桌前說：「我剛到，想找個房子。」

工作人員看他那麼年輕，以為是學生，便愛理不理的說：「老兄，在綺色佳房子難找得很呢！信不信由你，昨天晚上有個教授，還不得不睡在這裡的沙發上。」

費曼轉頭往四周一看，原來這就是他昨天晚上睡覺的那棟建築。他對工作人員說：「我就是那個教授。而本教授呢，今天晚上可不想再睡在這裡了！」

當時社交舞會很流行，康乃爾也不例外，學生常舉辦舞會。費曼第一次去參加時，因為已經很久沒跳舞了，所以有點緊張，但是他很專注的跳，把舞伴帶領得很好，她們都很開心，大家一

面跳舞，一面輕鬆的聊天。

奇怪的是，每一個跟他跳過舞的舞伴，當他再去邀舞的時候，不是說：「對不起，我想休息一下。」就是說：「啊，真不巧，我正要去化妝室。」一聽就知道是拒絕的藉口。費曼百思不得其解：「我的舞藝真的那麼差嗎？可是剛剛她們明明跳得很高興，也誇我跳得好啊。」

最後費曼找了一個沒跟他跳過的女孩子當舞伴，兩人一面跳，一面閒聊。女孩子問他：「你是大學部的，還是研究所的學生？」

費曼說：「我不是學生，我是個教授。」

「你教什麼？」

「理論物理。」

女孩子臉上有一種很奇怪的笑容：「你大概還研究過原子彈呢？」

「對啊，妳怎麼知道？」費曼很興奮，以為找到一個知音。「戰時我都待在羅沙拉摩斯。」他說。

女孩子瞬間變臉：「你這個該死的騙子！」把手一甩，馬上走開了。

費曼哈哈大笑，終於明白是怎麼一回事。原來那些女孩子看費曼那麼年輕，認定他不可能是教授，以為他在撒謊。

● ☆ ● ☆ ● ☆ ●

一天中午，費曼在學校的餐廳吃午餐，旁邊有些學生在胡鬧。其中一個把餐盤像飛盤一樣丟到空中，餐盤上印有康乃爾的校徽，費曼留意到校徽轉動時也在左右搖擺，而轉動的速度要比搖擺的速度快。他很好奇，這兩者之間會不會有什麼關係？他利用旋轉物體的運動方程式計算，發現轉動的速度剛好是擺動速度的兩倍！

他很興奮，跑去跟貝特說：「嘿，貝特！我發現如果丟個餐盤到空中，它轉動的速度剛好是擺

動速度的兩倍。你說好不好玩？」

　　貝特說：「是很好玩。但是你計算這個有什麼用？」

　　費曼說：「一點用處都沒有。我只是隨便玩玩而已。」

　　可是費曼並沒有把餐盤的問題丟開，他一直「玩」那些旋轉物體的運動方程式，從餐盤的轉動玩到他研究的領域——量子電動力學，最後玩出一個諾貝爾獎。

　　1948 年，費曼發明著名的費曼圖，用圖形表示基本粒子的行為。基本粒子之間的相互作用不但非常複雜、艱難，而且時常超乎我們的直覺，實在很難從冗長的方程式中獲得理解。有了費曼圖的佐助，物理學家在解決基本粒子的問題時，就可以從簡單的圖形中看出要點，是量子電動力學的利器。

　　　　　　　✿　☆　✿　☆　✿　☆　✿

　　康乃爾大學很好，只是對費曼來說，綺色佳

的冬天太冷，他希望能搬到一個比較暖和的地方。1950 年，費曼接受加州理工學院的邀請，成為他們的理論物理教授。

在加州理工學院，費曼除了繼續量子電動力學的研究外，同時也做超流體的研究。他的主要貢獻是運用量子力學的理論來解釋超流體的行為。什麼是超流體？我們如果把氦氣（通常用來填充氣球的氣體）降溫到接近絕對零度 (−273℃) 時，它會成為沒有黏度的液體，流動的時候不會有任何阻力。這種液體就叫超流體。

超流體有許多奇妙的特性。比如說，如果你把它放進一個杯子，它會沿著杯壁往上「爬」出杯外，到最後「逃」個精光。不但如此，它還能穿透密不透氣的小孔或細縫。還有，把兩片玻璃拋光磨平，然後緊緊壓在一起，不管玻璃磨得多平、壓得多緊，超流體就是有辦法在兩片玻璃之間自由流動。有人說，費曼在超流體的貢獻，足以讓他得到第二個諾貝爾獎。

為了翻新物理課程，加州理工學院在 1961 到 1964 年間，特別請費曼教授大學部物理。這是所有大一、大二學生的必修課，不論主修是哪一科都一定要上的。課程的材料後來集結成一套三冊非常著名的物理課本：《費曼物理學講義》。截至 2010 年，《費曼物理學講義》的英文版已經售出一百五十萬套。此外，它還被翻譯成十二國語言，光是俄文版就售出一百萬套。它很可能是歷史上最暢銷的科學教科書，全世界大概找不到一個物理系學生或物理專業人員，敢大膽宣稱他沒讀過或沒聽過這一套教科書。

● ☆ ● ☆ ● ☆ ●

1965 年 10 月 21 日凌晨四點，費曼在睡夢中被電話鈴聲驚醒。

「喂，請問是費曼教授嗎？」對方說。

「你知道現在幾點鐘嗎？為什麼三更半夜打電話？」費曼有點火大。

「費曼教授，我是美國廣播公司的記者，恭喜你得了諾貝爾獎。」對方說。

「我在睡覺，如果你等到早上再打來，不是更好嗎？」費曼說著把電話掛斷，轉身又睡。

「那是誰呀？」費曼當時的太太貴妮絲＊問。

「一個記者。他說我得了諾貝爾獎。」

費曼常瘋瘋癲癲的，他太太以為他又在開玩笑，追問道：「說正經的，到底是誰呀？」

這時電話又響了，費曼拿起話筒，聽到另外一個記者說：「費曼教授，你有沒有聽說……」

費曼說：「我剛才聽說了。」

電話一通一通進來，他實在受不了，乾脆把電話線拔掉。他想繼續睡覺，不過經過這麼一折騰，卻再也睡不著了。

＊貴妮絲：此時是第三任妻子。

費曼下樓到書房，他想：如果不接受這個獎，會怎麼樣？

他把電話線重新接好，電話立即響起來，這次是《時代雜誌》的記者。費曼說：「我覺得這整件事情很煩人，有沒有什麼辦法可以讓我不去領獎？」

記者說：「費曼教授，你如果怕麻煩，最好乖乖去領獎。要是你拒絕領獎，我保證全世界的媒體會鬧翻天，到時候你惹的麻煩會更大！」

到了上午九點鐘，瑞典皇家科學院的電報來了，它宣布 1965 年的諾貝爾物理獎由費曼、史溫格、朝永振一郎共同獲得，得獎理由為「他們在量子電動力學的重大貢獻，對基本粒子物理有深遠的影響。」

史溫格打電話給費曼道賀，兩人聊得很開心。史溫格和費曼同年，也是出生在紐約市的猶太裔美國人，但是他們的個性南轅北轍。費曼不拘小節，喜歡開玩笑，穿衣服很休閒，痛恨西裝

和燕尾服這類正式服裝，講話快而且手勢多，開一輛客貨兩用的休旅車。史溫格謹慎小心，經常西裝筆挺，頭髮梳得油光滑亮，說話字正腔圓，開一輛凱迪拉克。兩人既是同行，也是競爭者，但現在打成平手。

朝永振一郎住東京，費曼打電話給他：「嘿，振一郎，恭喜！」

朝永振一郎說：「謝謝，也恭喜你！」

費曼問：「得了諾貝爾獎，感覺如何？」

「我猜想你應該也知道。」

然後費曼故意逗他，問了一個記者最喜歡問的問題：「你能不能用一般外行人都聽得懂的話告訴我，你到底做了什麼，使你得到這個獎？」

朝永振一郎說：「我好睏。」說著把電話掛斷。

諾貝爾獎剛宣布時，費曼的確想賴皮不去領獎，因為他討厭繁文縟節。但是等到他真的到了瑞典，在那邊一個多禮拜的時間，天天吃喝玩樂、

歌舞通宵，他可是玩得比誰都開心。每次所有諾貝爾得獎人合照，那個笑得合不攏嘴的人就是他。有一天晚上學生開舞會，請他和太太參加。舞會結束後，學生帶他們到一家啤酒屋續攤，他們一直喝到早上六點鐘才不得不離開，因為早上八點半還有另外一場宴會。

　　得獎之後，祝賀的信件和電報如雪片般飛來，其中一封信來自阿琳的哥哥和嫂嫂，這時阿琳已經去世了二十年。費曼回信說：「收到你們的來信，讓我想起很久以前的事。相信你們還記得一個人，她現在一定也很高興。」

　　另外一封賀電說：「知道你得了諾貝爾獎，我們既興奮又開心……到了斯德哥爾摩，可別去天體營和裸體女郎鬼混。」

　　費曼回電：「非常謝謝你們的賀電。但是你們為什麼要限制我在瑞典的冒險呢？我在此請求你們的許可，可以不理會你們的訓誡。」

　　領完獎回到美國後，他把休旅車的整個車身畫上「費曼圖」；車牌的號碼也換成「量子」。有人看到他的休旅車，問他：「嘿，我知道這個圖案，它是著名的費曼圖。你為什麼要把它畫在車子上？」這時他終於逮到機會，用跩得要死的語氣說：「老兄，你有所不知，因為我就是理查·費曼！」

07

福爾摩斯出馬

太空梭長得像飛機，其實是一種有翅膀、可以重複使用的太空船。它藉由兩支增力火箭的輔助，脫離大氣層，進入太空。返回地球時，機翼和空氣摩擦產生阻力，有煞車的功用；等到高度和速度都降低，準備在跑道降落，機翼可以提供升力，使太空梭變成一架滑翔機。

1986 年 1 月 28 日，星期二，美國東部標準時間早上 11:38，太空梭「挑戰者號」從佛羅里達州的甘迺迪太空中心發射。一分鐘以後，右邊增力火箭外殼的接合處冒出火花；七十三秒鐘後，它在空中爆炸，七名機員全部罹難。

雷根總統本來預定當天晚上要在國會發表演說，同時在演說當中和挑戰者號上的可麗斯塔・

麥克理夫現場連線通話。麥克理夫是一位高中教師，也是美國國家航空太空總署從一萬一千名申請者當中挑選出來、準備送上太空的第一位老師。

因為挑戰者號太空梭的事故，雷根總統把當晚的演說延期，而改在電視上發表對挑戰者號罹難機員的頌詞以及對國人的安慰和鼓舞：

「未來不屬於懦夫──它屬於勇者。『挑戰者號』的機員牽引我們進入未來，我們會跟隨他們的腳步。我一直對我們的太空計畫深具信心、也敬重有加，今天的事故，不會使這個信心和敬重減少分毫。……我們會永遠懷念他們，也永遠不會忘記，今天早上在踏入旅途之前，他們如何對我們揮手道別，然後掙脫塵世的羈絆，去觸摸

上帝的臉龐。」

　　事故發生後一個禮拜，費曼接到美國國家航空暨太空總署署長格拉姆的電話，他以前是費曼加州理工學院的學生。格拉姆問費曼願不願意加入挑戰者號太空梭事故調查委員會。費曼問格拉姆，調查委員會在哪裡工作，格拉姆說在華府。費曼這下頭大了。他知道找出挑戰者號的失事原因很重要，可是他既討厭華府的政客和官僚，也不喜歡替政府機關做事。

　　他打電話給他以前的博士學生，也是現在的好朋友亞伯・希布斯商量。希布斯在加州的噴射推進實驗室工作，對太空梭計畫很熟悉。

　　費曼說：「亞伯，國家航空太空總署希望我加入挑戰者號事故調查委員會，你怎麼看？」

　　希布斯沒發表什麼意見，只是問費曼：「你覺得事故調查委員會的工作重不重要？」

　　費曼說：「我想應該很重要吧。」

　　希布斯又問：「如果加入這個委員會，你覺得

能對調查結果有所影響嗎？」

費曼說：「嗯，應該會有吧。」

因為費曼自己已經回答了最重要的兩個問題，希布斯就再也不吭聲，讓費曼自己下結論。

接到格拉姆的電話以後，費曼本來舉棋不定，內心一直在交戰，所以才找好友出點子，心裡暗自盼望希布斯會說：「哎呀，不要去參加那什麼爛委員會啦！跟政府機關和政客官僚打交道絕對沒好事，一定讓你氣得吐血啦！」這樣他就可以理直氣壯的拒絕加入。沒想到居然被好友「很陰險的」擺了一道。

費曼知道中計了，氣呼呼的說：「希布斯，早知道你這麼狡詐，當初博士口試的時候，應該把你當掉才對！」說著把電話「碰！」一聲掛掉。電話另一頭，希布斯沒想到居然能讓這個絕頂聰明的老師「作繭自縛」，得意得哈哈大笑。

費曼沒從好朋友那裡得到「道義上」的支持，轉而向太太貴妮絲取暖。他對太太說：「委員會這

種無聊的事情誰做都一樣，為什麼一定要找我？」

他太太說：「親愛的，你錯了。如果你不進委員會，那十二個委員就會一窩蜂從東跑到西，從南跑到北，大家討論討論，然後寫個報告了事。如果你進去呢，那十一個人還是會大夥兒跑來跑去，但是有一個傢伙會像獵犬一樣，很專注的這邊聞一聞，那邊嗅一嗅，那人就是你。你不一定會找到什麼，但是如果有任何奇怪或特別的事情，你一定會發現的。這方面，沒人比你更厲害了。」

費曼被老婆戴上高帽，終於喜孜孜的加入事故調查委員會。以後有朋友取笑他：「喂，費曼，你不是痛恨政府機關嗎？怎麼跑去加入那個什麼委員會？」他就會假裝很無奈的說：「沒辦法啊，是老婆大人的命令啦！」

太空梭升空時，總共包含四個重要的元件：

準備繞行地球軌道的太空梭本身，兩支增力火箭，和一個外掛在太空梭肚子底下的大燃料槽。費曼對這些元件的結構並不是很熟悉。所以在出發去華府，參加事故調查委員會的工作之前，特別請希布斯安排，由噴射推進實驗室的太空梭工程師團隊，向他做簡報，惡補太空梭和附屬元件各部位的功能。簡報團隊同時也指出可能出問題的地方：增力火箭接合處的橡皮環。

　　事故調查委員會第一次開會，主席羅傑斯介紹大家認識。除了主席之外，費曼只聽過太空人阿姆斯壯，和女太空人萊德。費曼坐在一位穿軍服的空軍將領卡特納旁邊。

　　有人事先警告過卡特納，說費曼痛恨軍人，因為費曼的父親當年做制服生意，需要和軍人打交道，時常被他們整得很慘。這時費曼坐在旁邊，卡特納有點尷尬，不知道應該怎麼和他打招呼。

　　那天是 2 月中，華府還是很冷，費曼的頭髮被寒風吹得亂七八糟。卡特納對費曼說：「副駕駛

對駕駛：『把你的頭髮梳好。』」費曼轉頭看著卡特納，卡特納心想：我這下子死定了，不知道他會講出什麼難聽的話來。沒想到費曼卻說：「駕駛對副駕駛：『你有梳子嗎？』」卡特納把梳子拿給費曼，讓他梳整頭髮，兩人的關係算是破冰了。

開完會天色已晚，大家走到建築物的外面。主席羅傑斯當過國務卿，是個大人物，很快就被一輛豪華加長型的轎車接走了。然後太空人阿姆斯壯也被豪華轎車接走，連太空人萊德也有她的豪華轎車。費曼看著卡特納肩頭上的兩顆星，說：「你的豪華轎車呢？」卡特納說：「在華府，兩顆星是撈不到豪華轎車的。我坐地鐵。」費曼用手攬住卡特納的肩膀，說：「卡特納，一個坐地鐵的將軍，絕對壞不到哪裡去。」從此兩人成為好朋友。

　　依照卡特納的分析，委員會的大多數成員，包括他自己，都和國家航空太空總署有千絲萬縷的利害關係，在調查的過程中，實在很難做到全然的客觀、公正。但是費曼不同，他是獨立的。不但如此，他絕頂聰明、做起事情來追根究柢，而且不怕說出他心裡真正的想法。

　　卡特納的一位太空人朋友告訴他說，增力火箭承包商賽可從事故之前六個月以來，一直在測試溫度對增力火箭接合處密封橡皮環的影響，但是不知道為什麼，測試的數據沒有呈交給事故調查委員會。

　　根據賽可和國家航空暨太空總署所訂的契約，增力火箭的正常發射氣溫應該在 4°C 到 32°C 之間。而挑戰者號太空梭發射那天，佛羅里達州甘迺迪太空中心的氣溫很低，只有 –2°C，顯然超出契約規定的範圍。太空梭從來沒有在這麼低的氣溫下發射過。以往多次發射經驗中，最低的氣溫是 12°C。

　　因此，賽可的工程師反對當天發射。他們知道，增力火箭接合處的橡皮環在低溫下會變硬而失去彈性，無法將火箭接合處密封。火箭裡面高溫的氣體和火焰會因而洩漏噴出，進而衝擊到裝滿液態氫和液態氧的燃料槽。槽壁一旦被熔蝕，絕對是驚天動地的大爆炸。

　　賽可的管理階層本來支持工程師的建議，認為為了安全，應該延遲發射的時間。但是國家航空暨太空總署的官員很不高興，在開會時對賽可的經理發飆說：「你們這種建議真叫我寒心！賽可，你們到底要我們等到什麼時候才發射？難道要等到明年4月嗎？」國家航空暨太空總署是出錢的大爺，賽可管理階層在大主顧的壓力之下屈服，只好同意發射。

　　卡特納聽了太空人朋友的話以後，知道橡皮環很可能有問題，但是他不敢直接了當明說，因為事故太大，大家都小心翼翼，怕引火上身。他如果跳出來嚷嚷：「賽可有橡皮環特性隨溫度變

化的資料，為什麼不拿出來？」賽可和國家航空暨太空總署的官員為了自保，馬上就會質問他：「你這資訊哪裡來的？」這樣子反而害了他朋友。所以他需要找一個和國家航空暨太空總署沒有瓜葛的人來「發現」橡皮環這個線索，別人才不會懷疑有「內奸」。

　　有天晚上卡特納請費曼到家裡吃晚餐。吃過飯後，卡特納邀費曼到車庫去參觀。卡特納的嗜好是修理老爺車，那天車庫的工作檯上正好擺了一個汽車的化油器*。卡特納說：「教授，這化油器一到天冷的時候就漏油，你看會不會是低溫影響了裡面的橡皮環？」

　　費曼說：「我不知道，但我會研究看看。說不定挑戰者號就是這樣出事的。」卡特納知道，他已經「引導」費曼走上正確的道路。

　　過幾天，在事故調查委員會的祕密會議中，

---

*化油器：汽車或機車引擎裡，讓汽油和空氣混合的裝置。

一位賽可的工程師作證，把當初他們因氣溫過低反對發射，而國家航空暨太空總署的官員對賽可經理施壓的情形向委員會報告。整個委員會都大吃一驚，這是他們第一次聽到這樣的事。看來不但增力火箭接合處的橡皮環有問題，國家航空暨太空總署的管理階層也有問題。第二天馬上就有一個對外公開的會議，電視和平面媒體的記者都會來採訪，費曼知道他應該怎麼做了。

第二天開會時，費曼和卡特納坐在一起。費曼對卡特納說：「將軍，我想要一杯冰水。」

卡特納這時已經和費曼很熟，就故意整他，說：「你一句話都還沒說，喝什麼冰水？」

費曼說：「你就別刁難我，給我一杯冰水就是了。」

座位旁邊剛好有一位服務人員，卡特納對她說：「能不能請妳給費曼教授一杯冰水？」

服務人員離開去拿水，這時主席也宣布會議開始。等了半天水還沒來，費曼開始坐立不安，

一直說：「冰水呢？冰水在哪裡？」

好不容易服務人員出來了，但她不是光拿一杯水給費曼，而是替整個委員會的人倒水。她從坐在前面的那些大人物開始一個一個倒，費曼急得跳腳，等了半天終於等到他的冰水。不過，他的冰水並不是要拿來喝的。

委員會那時正在傳閱一截增力火箭接合處的模型，大部分的委員都是稍微看看，就隨手傳給旁邊的人。傳到費曼時，他卻沒傳出去。他把那截模型放在面前，從口袋裡掏出早上才在五金行買的螺絲起子、扳手、鉗子，動手把模型裡面的橡皮環拆下來。他用鉗子夾緊橡皮環，然後放入冰水中。

卡特納坐在旁邊看費曼做實驗，看得津津有味。幾分鐘以後，費曼等不及了，想告訴大家他的實驗結果，正要按面前紅色的麥克風發話鈕，卡特納傾身過來說：「副

駕駛對駕駛：『還不是時候。』」

　　費曼說：「那應該等到什麼時候？」

　　那時有一個人正在前面做簡報，每一位委員都有一份簡報資料。卡特納指著資料裡面一張幻燈片，說：「等他講到這裡，就是你說話的時候。」

　　終於等到簡報者講到那張幻燈片，費曼按下發話鈕，所有的記者都轉過來看他，攝影機的鏡頭也立刻轉了過來。費曼說：「我剛才從模型裡面取出橡皮環，把它用鉗子夾住，放入冰水中一段時間。」

　　然後費曼把鉗子連同橡皮環從冰水裡拿出來，舉得高高的讓大家都看得見。他把鉗子鬆開，說：「我發現鉗子鬆開時，橡皮環不會立刻彈回去。冰水的溫度是 0°C，和挑戰者號發射那天的溫度差不多。換句話說，在 0°C 時，橡皮環在壓縮過後幾秒鐘內會沒有彈性。我相信這個現象對我們正在調查的問題很重要。」

　　午餐時記者過來，只問了一些不痛不癢的問題，費曼很失望，以為媒體不把他的即席實驗當一回事。他對卡特納抱怨說：「我想發言時，你不應該阻止我的。你看，現在你把我的實驗整個搞砸了！」說完，氣呼呼的走掉了。

　　沒想到，當天晚上主要的電視臺，以及隔天早上的《紐約時報》和《華盛頓郵報》，都詳細報導了費曼的實驗，讓他一夕之間變成全國著名人物，簡直比他得諾貝爾獎時還風光。這個實驗，用很簡單的道具，和大家都懂的方式，證實挑戰者號在低溫下發射時，增力火箭接合處的橡皮環因失掉彈性而無法密封，導致慘痛的悲劇。

　　費曼後來再碰到卡特納時，感到有點不好意思。他像上次「地鐵事件」那樣，又用手環住卡特納的肩膀，說：「嘿，卡特納！你其實沒那麼壞啦！」

小、還要更小……

親愛的麥克理能先生：

我心裡一直在想著你星期六給我看的那個馬達，它實在太酷了，你怎麼有辦法把它做成那麼小？

……你做出來的馬達，正是我寫那篇文章時心中的主意，而且你又是第一個做出來的人，所以我很高興附上獎金的支票，這是你應得的獎賞。

……嘿，你可別開始寫小字。對於另外一個獎項，我是想能賴則賴，因為自從發表那篇文章過後，我不但結了婚，還買了房子。

理查・費曼　敬上

　　這是費曼在 1960 年 11 月 15 日寫給加州的威廉‧麥克理能的信。

　　差不多一年前，也就是 1959 年 12 月 29 日，費曼在美國物理學會發表了一場歷史性的演講，題目為「這底下還空得很呢」。在演講中，他提出縮小資料儲存空間、把機器微型化、隨心所欲排列原子等充滿前瞻性的看法。演講的結尾，他對科學家和工程師下戰帖，挑戰他們：

1. 把一頁書縮小到長寬的尺寸各別為原來的兩萬五千分之一，並且能夠用電子顯微鏡閱讀。
2. 做出一部能控制的電動馬達，外接電線不算，長寬高各只有六十四分之一英寸（約 0.04 公分）。

　　每項挑戰的獎金各為美金一千元。費曼的演講後來刊登在 1960 年 2 月號的《工程與科學》期刊，也就是他信上所說的「那篇文章」。

　　麥克理能做出來的電動馬達只有百萬分之一馬力，直徑只有千分之六英寸（約 0.02 公分），比費曼要求的還小，需要用顯微鏡才看得見，是當時世界上最小的電動馬達。

　　費曼沒想到麥克理能這麼快就來踢館，害他破財一千元，所以才開玩笑在信上「警告」麥克理能說：你這傢伙太厲害了，可是千萬別開始動我另外一個挑戰的腦筋（寫小字），我現在可是有老婆和房子要養的人！

　　另外一個挑戰的獎項，要一直等到差不多二十五年後，才有人來領。1985 年 11 月 11 日，史丹福大學的研究生紐曼寫信給費曼說，他已經用穿透式電子顯微鏡的技術，將教科書整頁，長寬各縮小兩萬五千分之一。費曼很高興的寄了一張美金一千元的支票給他。

　　費曼這場 1959 年的演講，以及提出來的兩個挑戰，開啟了一個全新、而且非常重要的科學領域──奈米科技 (Nanotechnology)。1 奈米到底有

多大？依照定義，十億分之一公尺為 1 奈米。舉幾個例子：一個水分子的直徑大概為 0.1 奈米；一般細菌的大小大概有 1000 奈米；我們的頭髮直徑大概為十萬奈米。

這門新學科主要是研究如何在奈米的尺寸下，把原子或分子重新排列，創造出嶄新的物質或設備。奈米科技在 1980 年代開始蓬勃發展，到了 21 世紀，它的研發成果已經廣泛應用在工業、醫學、民生、環保的領域。

● ✪ ● ✪ ● ✪ ●

1981 年 5 月，費曼受邀在麻省理工學院的第一屆物理和計算會議當主題演講人，題目為「用電腦模擬物理」。

在演講中他先問聽眾：「古典電腦能夠模擬量子系統嗎？」然後他自己回答：「答案是斬釘截鐵的『不！』古典電腦不可能計算量子力學的

結果。」接著他提出革命性的「量子電腦」，可以用來做量子力學的計算。

量子力學是研究非常微小物體的學問，而量子電腦是根據量子力學的原理所設計的電腦。反之，如果要描述我們日常生活中所見物體的行為，像棒球、汽車，甚至太陽、月亮，用比較簡單的古典力學（或稱牛頓力學）就可以了。

我們目前所用的電腦，從研究機構或大企業所用的超級電腦，到一般人用的桌上型電腦、筆記型電腦、平板電腦，都是費曼所說的古典電腦。電腦裡面有許許多多的微小開關，稱為位元。古典電腦的位元值，不是 0，就是 1。相反的，量子電腦的位元值，可以是 0，或 1，或同時是 0 和 1。很奇怪，不是嗎？不過如果將來你有機會學習量子力學的話，你會發現它有許多違背我們直覺的理論。就是這個「一位元可以同時是 0 和 1」的奇特性質，讓量子電腦的計算能力遠遠超過古典電腦。

費曼在這個重要演講的結論說：「真正的大自然並不是像古典物理描述的那個樣子。大自然最底層、最基礎的運作是要用量子力學才能描繪的。如果你想模擬大自然，你最好乖乖用量子力學的方法。這是個很棒的挑戰，它看起來可不是那麼簡單。」

經過二、三十年的努力，量子電腦在理論方面已經有很大的進展，但是真正的硬體雛形目前還只存在於實驗室。有朝一日，量子電腦商業化以後，它的計算能力將超過目前的電腦億兆倍。對我們的日常生活，甚至國家安全，產生翻天覆地的影響。

舉個簡單的例子，為了保護個人的隱私和利益，我們的 E-mail、信用卡刷卡資料和 ATM 提款的資料，都有經過加密。除此之外，商業、外交、軍事和通訊的資料，當然也都有加密。目前最

常用的加密方法是所謂的 RSA 加密演算法，它主要是靠一個很長的整數作為加密的鑰匙，加密的整數越大，便越不容易被破解密碼，我們的資料也就越安全。

以目前的科技，如果我們能夠用一個一千位數的整數加密，大概就永遠無人能夠破解。因為即便用現今最快的超級電腦，要破解這麼長的加密鑰匙，電腦運算的時間會超過宇宙的年紀——一百三十億年！反之，假設敵人有一臺筆記型電腦那麼大的量子電腦，依照 1994 年發表的一種演算方法，它只要一、二十分鐘就可以破解我們的密碼。那時世界會成為軍事和商業間諜的樂園，天下將再無祕密可言。

一封無法投遞的情書

　　費曼一生總共結婚三次。阿琳是他的初戀情人，也是他的第一任太太。他們在 1942 年 6 月 29 日結婚。阿琳因為患有結核病，婚後一直住在醫院，費曼要到週末才有空去看她，兩人平時以書信聯絡。阿琳聰明、美麗、多才多藝，加上有一肚子古靈精怪的鬼主意，縱使費曼聰明蓋世，在她面前也只能像在如來佛掌心的孫悟空，乖乖隨她擺布。就因為如此，費曼疼她、哄她、瘋狂的愛她——就像她瘋狂的愛他一樣。

　　結婚三年後，1945 年 6 月 16 日，阿琳去世。1952 年，費曼再婚，但是第二任太太和他個性不合，兩人很快就離婚了。第二任太太在離婚文件上這樣抱怨費曼：「他一睡醒，就開始在腦子裡想

微積分的問題。他開車時想著微積分，坐在客廳時想著微積分，晚上躺在床上也想著微積分。」

1960 年 9 月 24 日，費曼第三次結婚，對象是英國姑娘貴妮絲。她與費曼的性格相像，熱愛生命，而且喜歡冒險。1973 年，他們曾經下到比美國大峽谷還要大、還要深，位於墨西哥西北的銅峽谷。走了三天以後，到達一個叫做希思耐奇多的印第安部落，部落裡住的是拉拉穆里族的印第安原住民。費曼會一點西班牙語，能和印第安人簡單聊天，他發現一件很好玩的事：就像全世界大多數人一樣，這些印第安人也不喜歡他們的政府。他們從不投票，因為走到投票所要十二個小時。

一年後，費曼、貴妮絲和他們的一位朋友又回到希思耐奇多。這次費曼可是有備而來，因為加州大學洛杉磯分校有拉拉穆里語課程，費曼去上課，學了幾百個字的拉拉穆里語。他想，天下沒幾個白人會講拉拉穆里語，這下這些族人一定

會對他刮目相看。

他們走進村子，碰到一個部落裡的大帥哥，費曼走上前想和他哈拉，結果一緊張，所學的拉拉穆里語全都忘光光。他呆站在帥哥面前，尷尬得要命，回頭向他朋友求救：「喂，別光在那裡幸災樂禍，你看我該說什麼好？」他朋友說：「你何不從一數到十？」費曼覺得這主意還不錯，於是開始用拉拉穆里語，很賣力的對大帥哥說：「一……二……三……四……」還沒數到五，那個原住民大帥哥已經笑得天崩地裂，差點要在地上打滾了。

墨西哥的銅峽谷已經是夠奇特的探險了，但是費曼還有更瘋狂的主意……

拉爾夫・雷頓在一所高中教數學和地理，是費曼的好朋友和打鼓伙伴。那時還沒有網路，可是雷頓時常聽短波收音機，地理常識很豐富，知道許多遙遠國度的事情。

有一天，費曼問雷頓：「有關地理的知識，你

全都知道？」

雷頓自信滿滿的說：「那當然。」

費曼說：「好，那你告訴我，唐努圖瓦怎麼了？」

雷頓從來沒聽過什麼唐努圖瓦，心想這傢伙又開始瞎掰了，隨便說個奇奇怪怪的地名，就來考他。

雷頓說：「你少來，隨便掰個地名，我才不上你的當！」

費曼的確常幹這種事，所以當他問一些奇奇怪怪的地理問題時，雷頓根本懶得理他。不過這次費曼倒是說真的。

小時候，費曼父親告訴他說，唐努圖瓦是個獨立的國家，位於外蒙古旁邊，正好在亞洲的地理中心。他們有三角形和菱形的郵票。不僅如此，他們的牧馬人還會唱「呼麥」，也就是喉嚨能同時唱出兩個或兩個以上的聲音，有時其中一個聲音聽起來像是笛子的伴奏，非常神奇。但是這麼一

個有趣的國家，後來就再也沒消沒息，像是從人間蒸發一樣。所以即使隔了這麼多年，在費曼心裡，還是常常有個聲音在問：「唐努圖瓦怎麼了？」

費曼知道雷頓不相信他，於是找來一本百科全書，貴妮絲也湊過頭來看，他們在地圖上果真找到唐努圖瓦。再仔細一看它首都的名字：K-Y-Z-Y-L（克孜勒），居然沒一個母音！三個人你看我，我看你，嘴巴笑得裂到耳朵，大家想著同樣一件事：一個名字裡面沒有母音的首都！光衝著

這一點，就值得跑一趟唐努圖瓦！

　　唐努圖瓦本來是中國清朝的領土，那時稱為唐努烏梁海，屬於外蒙古。外蒙古在 1911 年獨立，1944 年唐努圖瓦被蘇聯併吞，成為蘇聯的附庸國。雷頓寫信給蘇聯政府，請他們幫忙安排到唐努圖瓦的旅行。

　　那時正處於冷戰時期，美蘇兩國的關係很緊張，再加上費曼在戰時做過原子彈研究，是個身分敏感的人物。而克孜勒正是蘇聯的原子武器製造中心，相當於美國的羅沙拉摩斯，蘇聯的情報單位怎麼可能相信費曼想去克孜勒旅遊，只是因為它的名字裡面沒有母音？入境申請當然不准！

　　費曼和雷頓不死心，繼續從各個可能的管道了解唐努圖瓦。雷頓找到一本德國歷史學家兼探險家在 1931 年寫的遊記，請他懂德文的哥哥把它譯成英文。書上說：「我是第一個踏上

唐努圖瓦土地的非俄國人。經過千辛萬苦，才拿到入境許可⋯⋯我去看了一場電影，放映過程中，那電影至少斷片二十次，但觀眾一點也不生氣，反而很高興，他們希望斷片次數越多越好，因為這樣才能延長看電影的時間⋯⋯電影放映當中，只有一次觀眾大聲叫嚷，很不高興，我不了解怎麼回事，銀幕上並沒什麼不妥當的畫面，只有一些人在跑步的足部特寫鏡頭而已。我請人把觀眾的叫罵翻譯給我聽：『我們可是買了全票的，為什麼只給我們看腳？頭到哪裡去了？我們要看全身！你們怎麼把銀幕做得這麼小？我們要一個能夠裝得下整個人的大銀幕！我們要大銀幕，大銀幕，大銀幕！』⋯⋯」

　　費曼和雷頓找來一本蒙古語—唐努圖瓦語—俄語三用字典，先從英文翻譯成俄文，再從俄文翻譯成唐努圖瓦文，拼拼湊湊，寫了一封信給唐努圖瓦政府：「我們的國家向你們的國家問好！我們對唐努圖瓦極感興趣，希望有一天能去拜訪⋯⋯」

信寄出去以後，就如其他寄到蘇聯的信一般，無聲無息，石沉大海。然後，有一天，雷頓手裡揮舞著一封信，氣喘噓噓奔來找費曼。唐努圖瓦政府回信了！他們趕快找來那本三用字典，先把信上的唐努圖瓦文譯成俄文，再從俄文譯成英文：「哈囉！新年快樂！我達瑪·翁達人們叫我，四十五歲我，你寫的信讀了我，唐努圖瓦語你用寫信快樂充滿我。我們的唐努圖瓦語和土耳其語有關係……」這似乎是一道曙光。

然後費曼寫了一封信給蘇聯的國家科學院，向他們建議，如果蘇聯允許他到唐努圖瓦旅行，他願意在蘇聯的國家科學院舉辦幾場學術演講，作為回饋。

從雷頓寫第一封信給蘇聯政府開始，費曼和雷頓為了去唐努圖瓦旅行，前後已經奮鬥了十多年。在這期間，費曼因為腹腔癌而開過幾次刀，其中有一次手術花了將近十五個鐘頭，需要輸血37000 cc，附近加州理工學院的學生和噴射推進

實驗室的工程師們，總共幾百人排隊捐血。

費曼和雷頓的努力和堅持終於有了收穫。1988 年 2 月 19 日，蘇聯國家科學院的副院長回信給費曼說：

> 親愛的費曼教授：
>
> 我很高興邀請你、你的夫人，和你的四位同事，以我們國家科學院嘉賓的身分訪問蘇聯。
>
> 卡披沙教授告訴我說，你想到唐努圖瓦觀光，去那邊最好的時候應該是 5 月和 6 月，你們可以在那裡待三到四個星期……

對費曼來說，蘇聯國家科學院的邀請來得太遲了——他已於 1988 年 2 月 15 日因癌症去世。不過，雷頓終於在 1988 年 7 月抵達唐努圖瓦，他後來把在那裡的所見所聞寫成一本書。費曼走了一年後，貴妮絲也因癌症逝世，離世前她去了南極洲和埃及。

費曼逝世後，家人整理他的遺物，發現一個盒子，裡面放了一封給阿琳的信。這封信寫於1946年10月17日，差不多在阿琳去世一年半以後。信已經非常破舊，看來這四十多年來，費曼經常拿出來捧讀：

心愛的阿琳：

我深深的愛妳，甜心。

我知道妳很喜歡聽我這麼說，但我不只是因為妳喜歡而這麼寫。我這麼寫，是因為我這麼寫的時候，自己內心也覺得無比的溫暖。

自從上次寫信給妳到現在，已經隔了差不多兩年，真是好久了。相信妳會原諒我，因為妳了解我是一個既頑固又實際的人，而我覺得寫這麼一封信實在於事無補。

但是現在，我的愛妻，我知道我應該寫。這件事耽擱太久了，我以前常寫信給妳

的。我要告訴妳我愛妳，我想要愛妳，我
會永遠愛妳。

我不知道，為什麼在妳去世以後我依然愛
著妳。我想呵護妳，照顧妳，我也想妳愛
我，關心我。我想和妳討論問題，和妳一
起做一些以前從沒想到的事情，像學做衣
服，學中文，或玩電影放映機。但是沒有
妳在身邊，我什麼都做不成。因為妳不但
是個點子王，還會煽風點火，慫恿我跟著
妳幹一些瘋狂的勾當。

……

我知道妳會說我很傻，妳希望我高高興興
的，不要我像現在這個樣子。如果我告訴
妳說，妳雖然已經走了兩年，但是我仍然
沒有女朋友（除了妳），我相信妳會很驚
訝。但是這件事妳幫不上忙，我也身不由
己。我遇到許多好女孩，我也不想單身，
可是在和她們見過兩三次面以後，我發現

她們只是一些庸脂俗粉。只有妳才是我心
裡的唯一。

我的愛妻，我深深的愛著妳。

我愛我的妻子，但是她已經去世了。

理查

附言：請原諒我沒寄出這封信──因為我
沒有妳的新地址啊。

後記

費曼在物理學上有許多重大的成就。

他因為在量子電動力學的重要貢獻，獲得 1965 年的諾貝爾物理獎。他在這一學科所發展出來的理論，能夠非常準確的預測實驗的結果。

費曼以量子力學的理論，成功的解釋液態氦的超流體行為，也廣為物理同業稱讚。有人說，他在超流體的成就，足夠讓他得另外一個諾貝爾獎。

他發明的費曼圖，用圖像的形式，代表次原子粒子（小於原子的粒子，如電子、質子、中子等）相互作用時錯綜複雜的關係，幫助物理學家了解艱深晦澀的方程式，也幫助他們做重要的計算。費曼圖自從發明以來就深受物理學家的喜愛，到今天還是他們賴以解決許多物理問題的利器。

　　除了專業上的成就，費曼的高瞻遠矚也帶領
下個世代的科學家，邁向兩個非常重要的新領
域。

　　費曼在 1959 年的歷史性演講「這底下還空得
很呢」，以及在演講結尾的「有獎徵答」——
挑戰科學家和工程師把書頁和電動
馬達微型化，開啟了奈米科技這門新
學科。奈米科技在 1980 年代開始蓬
勃發展，到了 21 世紀，它的研發成
果已經應用在工業、醫學、民生、
環保的領域。

　　1981 年 5 月，費曼受邀在麻省理
工學院的第一屆物理和計算會議當主
題演講人，題目為「用電腦模擬物
理」。在這場演講中，他提出量子電腦

的概念，指出未來另外一個重要的科學領域。量子電腦經過二、三十年的努力，理論方面已經有很大的進展，但是真正的硬體雛形目前還只存在於實驗室。有朝一日，量子電腦商業化以後，它龐大的計算能力將對整個世界發生革命性的影響。

1999 年，英國《物理世界》期刊邀請世界知名的一百三十位物理學家投票，費曼被選為有史以來，前十位偉大的物理學家之一。

費　曼 ／小　檔　案

1918 年	5 月 11 日出生於美國紐約市。
1931 年	遇見阿琳。
1935 年	高中畢業，進入麻省理工學院。
1939 年	自麻省理工學院畢業，進入普林斯頓大學研究所。
1941 年	日本偷襲珍珠港，美國對日宣戰。費曼被徵召加入曼哈頓計畫。
1942 年	自普林斯頓畢業，獲得博士學位。與阿琳結婚。
1943 年	調到羅沙拉摩斯，阿琳轉到阿布可基的一家醫院。
1945 年	阿琳去世。美國投擲原子彈在日本的廣島和長崎，日本投降。費曼到康乃爾大學任教。
1950 年	轉到加州理工學院任教。
1958 年	在瑞士日內瓦遇到貴妮絲。
1959 年	發表「這底下還空得很呢」的歷史性演講。
1960 年	與貴妮絲結婚。

1965 年　得到諾貝爾物理獎。

1978 年　被診斷出癌症。

1981 年　發表「用電腦模擬物理」的歷史性演講。

1986 年　加入「挑戰者號」太空梭事故調查委員會。

1988 年　2 月 15 日因癌症逝世。

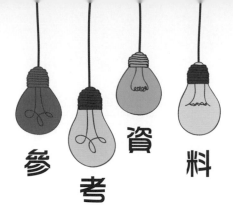

參考資料

 書籍

- ·《別鬧了，費曼先生》／Richard P. Feynman 著；吳程遠譯
- ·《你管別人怎麼想》／Richard P. Feynman 著；尹萍、王碧譯
- ·《費曼手札》／Richard P. Feynman 著；葉偉文譯
- · *Genius*／James Gleick 著
- · *No Ordinary Genius*／Christopher Sykes 著

國家圖書館出版品預行編目資料

費曼 / 李寬宏著;徐福騫繪. －－初版一刷. －－臺北
市: 三民, 2014
　　面; 　公分. －－(兒童文學叢書/近代領航人物)

ISBN 978-957-14-5919-6　(平裝)

1. 費曼(Feynman, Richard Phillips, 1918–1988)
2. 傳記 3. 通俗作品

781.08　　　　　　　　　　　　　　　103011170

© 　費曼

著 作 人	李寬宏
繪　者	徐福騫
主　編	張燕風
企劃編輯	莊婷婷
責任編輯	楊雲琦
美術設計	李唯綸
發 行 人	劉振強
著作財產權人	三民書局股份有限公司
發 行 所	三民書局股份有限公司
	地址　臺北市復興北路386號
	電話　(02)25006600
	郵撥帳號　0009998-5
門 市 部	(復北店)臺北市復興北路386號
	(重南店)臺北市重慶南路一段61號
出版日期	初版一刷　2014年7月
編　號	S 782420

行政院新聞局登記證局版臺業字第○二○○號

有著作權‧不准侵害

ISBN　978-957-14-5919-6　（平裝）

http://www.sanmin.com.tw　三民網路書店
※本書如有缺頁、破損或裝訂錯誤，請寄回本公司更換。

近代領航人物

生命教育首選讀物

養成良好品格，激發無限潛力，打造下一個領航人物！

你可以像自由鬥士 曼德拉 一樣找到自己的理想嗎？

你能像世界知名設計師 可可・香奈兒 一樣隨時發揮創意嗎？

你想成為像搖滾巨星 約翰・藍儂 一樣的萬人迷嗎？

讀完他們的故事，你也做得到！

◆ 近代人物，引領未來航線

◆ 橫跨領域，視野真正全面

◆ 精采後記，聚焦全書要點

◆ 彩色印刷，吸睛兼顧護眼

全系列共二十冊
陸續出版

在經典故事中成長

——有圖、有料、有意思

唐三藏西天取經、魯智深大鬧桃花村、
諸葛亮草船借箭、牛郎織女鵲橋相見……
過去，我們讀這些故事長大
現在，我們讓這些故事陪孩子一起長大
豐富的文化應該被傳承，傳統的經典需要有新意

小說新賞，讓經典再現——

- 導讀簡明，掌握故事緣起
- 內容生動，融合古典新意
- 插圖精美，呈現具體情境
- 經典新編，富含文學性質

全系列共三十冊　敬請期待

一生不可不讀的三十本經典